マンガでわかる!

入社2年目の教科書

福山敦士［著］
はるたけめぐみ［漫画］

ぱる出版

はい
中央食品
食品企画部です
お世話になります
福士《ふくし》ですか?
少々お待ちください
西山あゆみ
中央食品　食品企画部
入社2年目
福士くん
グリーン食品さんから
三番にお電話
あ
ありがとう
では課長
こちらの資料を
東武水産の田中さまに
お渡ししておきます
──……
ああ
よろしく頼むよ

福士くん
最近社内外から
よく声がかかってるなー
ああっ
もうお昼の時間!?
私宛の電話なんて
ないのにな…
西山さん
一緒にランチに行かない？
先輩…
まだ午前中に
やっておきたいとこまで
終わってないんだけどな
はい
それに―
estauran
先輩
社内の噂話好きで
ちょっと苦手…
「山下さんまた
商品企画通ったんだって
やっぱり美人は得よね」
そう言えば
「フードフェスタ」の企画
募集の話は知ってる？
フードフェスタって
うちの会社去年
出てないですよね？
今年から出展することに
なったのよ
先週から企画募集してるわよ

それ
締め切りいつですか!?
大きな企画に参加できるチャンス!
早くやらなきゃ!!
フードフェスタ企画
西山あゆみ
美味しいものをみんなに届けたい。
そのために＿
あー
みんな
食品企画部
数日後
今回のフードフェスタは福士くんの企画に決定しました
おおっ
え!?
すごい…
ードフェスタ企画書
食品企画部
西山あゆみ
私はまとめることもできなかったのに—

ピロ
新しいお知らせが
件あります
rikako
新規プロジェクト
メンバーに参加決
大学の同期の皆―
来月から二か月海外研修に
になりました
natsuki
新企画のサポートとして
選ばれました！
頑張ります
おめでとー
ありがとう！
頑張ってるねー！
それぞれ就職先で活躍してるんだ―
私だって美味しい食べ物をみんなに知ってもらえる大きな仕事がしたくてこの会社に入ったのに――！
食品企画部
聞いたぞ福士！おめでとう！
俺の企画はボツだったのにな
入社2年目でこの企画を通すなんて本当にすごいぞ！
期待してるからな！
はい ありがとうございます
福士くん

西山さん?
フードフェスタの企画採用おめでとう
どうせ馬鹿マジメに仕事して企画作ったんでしょ?
え?
西山くん!
頼んでいた入力金額が間違えてるぞ!
え!?
そんなはずは—
あ
食品企画部
西山 あゆみ
合計
全く…2年目にもなってこんな初歩的なミスをするなんてたるんでるぞ
すみませんでした…
どうして?福士くんとどこで差がついたの?
このままで私は大丈夫なの?

2年目から飛躍的に伸びる人、成長が止まる人

――自分のカラを破る若手に、意外なほど共通していること

とある入社2年目社員のつぶやき

あれ、俺ってそんなに仕事できるほうじゃないの？

いや、別にどっしょーもなく仕事ができないってわけではない（はず）。言われた仕事は一応こなしているし、周りとも結構うまくやってる（はず）。新入社員のときは電話がかかってきただけで、ドキドキしてたけど、今ではそれなりに対応できている（はず）。

でも正直、周囲と「差がつき始めている」と感じることはある。ある同期入社

は上司に仕事を振られることも多い気がするし、なんか重要な会議に呼ばれているることも多いっぽい。電話もその人宛にかかってくることが多いし、仕事してても楽しそうだ。

いや、別にいいんだけどね、別に。「仕事人間」になんかなりたくないし。たまたま、あの人が結果を出しやすい環境にいるってだけだし。

っていうか、この仕事が自分に向いてないだけなんじゃないかな。定年までこの会社にいることなんて想像できないし、ここにいたって先が見えている気がする。いっそのこと転職しちゃうのだってアリさ！　会社なんて「箱」なんだから。転職したら、「自分がこれだ！」って思える仕事につけるかも。好きな仕事につけたら、自然とバリバリ仕事しているはずさ。

僕の「スゴい」経歴をご覧あれ

本書を手にとっていただき、ありがとうございます！　福山敦士《ふくやまあつし》と申します。大学卒業後、サイバーエージェントに入社、25歳でグループ会社の取締役に就任しました。

営業部長も兼任して、3年でその会社を売上10億円規模まで成長させたあとは、27歳で独立、レーザービームという会社を創業し、2年で2度のM&A（バイアウト）を実行、29歳には、東証一部上場企業のショーケース・ティービーで最年少の役員に就任、経営者・講師・コンサルタントなどいろいろな肩書きを持って働いています。

え、わかったような、わかんないような？　まあ、とにかくスゴい気がするですって？　いやそれでいいんです、ありがとうw　まずは聞く耳を持ってほしいので、自己紹介を兼ねて、「スゴい」経歴を並べました。これはもちろん本題じゃありません。

若手を飛躍的に成長させるプロとして

本書は**2年目、もしくは3年目以降に伸び悩んでいる若手ビジネスマンが、最速で成長するための本**です。僕は会社の垣根を越えて、色々と事業を展開していますが、人材開発のプロ、ひらたくいうと**ビジネスマンの能力を伸ばすプロとしてご飯を食べています**。

立場上、多くの若手（少なく見積もっても5000人以上）と交わってきましたが、仕事で伸び悩んでいる若手って本当に多いんです。潜在能力が低いわけではない、むしろ高いのだけれど、自信を持てず、カラを破れず、縮こまっている人。

はじめのマンガや「とある2年目社員のつぶやき」を見てあなたはどう思いましたか？「あ〜、全然自分には当てはまらないね。俺はバリバリ仕事してて、悩みないし、周りをうらやむこともない。っていうか、俺が一番だし、いやマジで」

こう思ったなら、本書は閉じていただいて結構。十分結果を出しておられるのだから、今と同じように仕事を続ければいいと思います。あと、成長したくない人を成長させるのも正直ムリなので、意欲がない人も本書を閉じてください。

でも、もし1つでも「あ、これは自分のことだな」と思ったなら、パラパラと本書をめくってみてください。きっとあなたが成長できるお手伝いができるはず。

「2割ホウレンソウ」理論、「Pをすっ飛ばした変則PDCAの回し方」といった実践的ノウハウはもちろん、「なぜ、会社員は挑戦し続けたほうが合理的なのか？」といった行動指針まで、若手が効率的に結果を出すために必要なことだけ書きました。

誰でも「仕事が速い人」になるコツ

どのコンテンツも自信をもってオススメできますが、あえて伝えたいことを1つだけに絞れといわれたならば、「仕事が速い」人のカラクリを、僕は覚えて欲しいと思います。

2年目以降ともなると1年目と違って、いろいろな仕事を同時にこなしていかなければなりませんが、あなたは仕事が速い人ってどんな人だと思いますか？

よくある勘違いが、「仕事が速い人」＝「作業スピードが速い人」です。でも、これは必ずしもイコールではないのです。木でいうなら、作業スピードの速さは幹《みき》ではなく、枝葉。では、「仕事が速い人」の幹って何でしょう？　僕は、

仕事って落ちゲーに似ている

と思っています。「テトリス」とか「ぷよぷよ」みたいに、仕事もどんどこタスクが降ってきます。あれって、作業スピードを速めたところで、消えるものではありません。**十字キーを操作するスピードを上げたところで、落ちゲーはうまくなりませんよね？**

じゃあ「仕事が速い人」の幹って何よ、という話ですが、その答えは本書にしつこいくらい記していますので、読むだけで自然に身につきますからご安心を。

フツーの会社員だった僕が20代で役員になれたノウハウを凝縮

なんて、偉そうに記してきましたが、本当は僕も入社2年目のころは大失敗もたくさんしました。マンガのヒロインがしたような入力ミスなんてもんじゃありません。「あ、俺の会社人生、終わった」と思うような大失敗も一度や二度ではありません。冒頭の、「スネ夫」が大人になったみたいな入社2年目の人、あれ僕です。

いや〜、改めまして！　福山です

今では、こんなにっこりニコニコ笑えてますが、当時は同期との差に加えて、優秀な入社1年目の突き上げもあり、毎日プレッシャーで押しつぶされそうな毎日でした。顔も相当余裕なくひきつっていたようで、大学のマンガ好きの同級生に会ったとき

「お前、こち亀28巻の根暗《ねくら》男みたいな顔してるぞ」

と言われたことあります（そのときは、「あはあは、そう」みたいに適当に返しましたが、あとでそいつから借りて読んだら、かなりショックな風貌でした）。

それでもチャンスが来た時のため、結果を出す準備を続けました。同じミスを繰り返さないよう、「振り返り」ブログを書き続けました。なぜ失敗したのか、どうしたらうまくいくのか、先人の知恵、最先端の知識を集め、1つ1つマネしました。続けるうち習慣化され、いつのまにかマンガの優秀な2年目社員「福士」クンのように結果を出せるようになり、今では東証一部上場企業の役員として働いてます。

逆にいうと、本書は仕事で悩みまくっていた当時の僕みたいな人が、僕みたいな苦労をしないように書いたもの。僕のように**カラを破れず、伸び悩んでいる入社2年目の社員には最適の入門書、つまり「教科書」**です。この1冊に、**最先端企業のメソッドや心理学や認知科学に裏打ちされたノウハウ・成長指針を凝縮**させました。

とりあえずマンガだけ読んで、あとからテキストを見るもよし、はじめから交互に見るもよし。自分の好きなように読んでください。そして、実践しやすいと思った箇所でいいから、1つずつ試しください。それだけで、**自分の秘められた能力が開花して、飛躍的に仕事ができるようになった、本当のあなたに会えることを約束します。**

第1章 神成長――1％のできる人がしている科学的に正しい努力

第2章 目標達成——米国最高峰のメソッドを超カンタンにしてみた

CONTENTS

第3章　報連相――失敗しようのない超シンプルな進行法

第4章
時間術
1日を27時間にする究極の「3分間」ルール

CONTENTS

第5章

無敵思考

「挑戦」とは、スポ根マインドではなく合理的思考

第6章 超効率化——大切な仕事にだけ100%の力を注ぐ裏技

第1章

神成長

1%のできる人がしている科学的に正しい努力

仕事はただガムシャラに働けばいいわけじゃない。
必要なのは、ムダな努力をしないこと。最新の心理学・認知科学に裏付けられた福山式「YKK理論」で、努力をそのまま成長に変えよ！

CHAPT

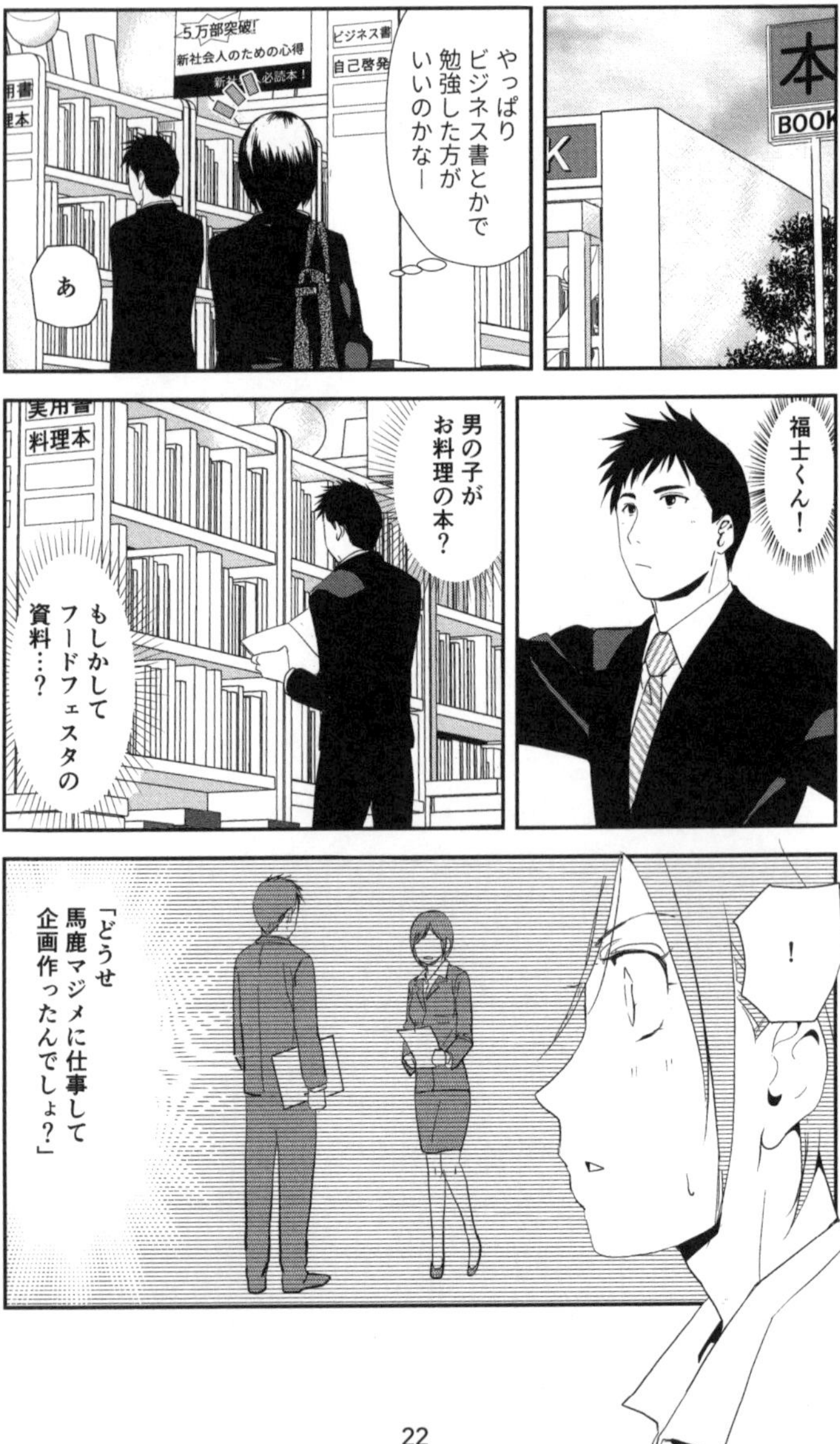
本
BOOK
5万部突破!
新社会人のための心得
ビジネス書
自己啓発
やっぱりビジネス書とかで勉強した方がいいのかなー
あ
福士くん!
実用書
料理本
男の子がお料理の本?
もしかしてフードフェスタの資料…?
!
「どうせ馬鹿マジメに仕事して企画作ったんでしょ?」

やだ私…
あんなこと言って
まるで先輩みたい
じゃない―
あ
西山さん？
5万部突破!
新社会人のための心得
新社会人必読本！
実用書
福士くん…
あの―
いきなり
お茶に誘って
ごめんね
いや僕も
何か軽く食べようと
思ってたから
ちょうど良かったよ
琲店
それより
君《きみ》―
ここのお店
美味《おい》しい…
すごく美味しそうに
食べるんだね
だって美味しいもの
食べてる時って
幸せ感じるでしょ？

そうだね
ところで
話って何?
あ
あの…
昼間はごめんなさい
何が?
せっかく企画通ったのに
あんなイヤミな
言い方しちゃって…
え?
あれ
皮肉だったの?
気づかれて
なかったのか…
そうか
西山さんも
企画考えてたんだ
今まで
そんな話聞いたこと
なかったから
興味ないのかと思ってたよ

私は
美味しいものを
みんなに伝えたくて
うちの会社に入社したの
うん
僕もだよ
だから今回採用されて
本当に嬉しい
それで
君は今までどれくらい
企画を提出してみたの？
私？
出したことないけど？
はあ？
出してもないのに
僕に対抗意識
燃やしてたの？
ていうか君企画部!?
いや…
違うの
今回は本気で
出そうと思ってたのよ!?
けど…
何か足りない気がして
練り直したり—
本当に
やりたい企画なのか
考えてる間にいつも
募集が終わって—

――考えすぎだよ
でもさ――
PDCAでいうと
君は今
「P」でがんじがらめの
状態だね
PDCA…?
Act(改善)
実施が計画に沿っていない部分を
調べて改善をする
Levl UP!
Act
Plan(計画)
従来の実績や将来の予測などを
もとにして業務計画を作成する
Plan
PDCAサイクル
Check
Do
Do(実行)
計画に沿って業務を行う
Check(評価)
業務の実施が計画に沿っているか
どうかを評価する
社員研修で習ったろ?
Plan(計画)・Do(実行)・
Check(評価)・Action(改善)を
繰り返すことによって
生産管理や日々行なわれる通常業務を
継続的に改善していく手法のこと
あ…
実行して初めて
改善できるんだよ

行動さえすれば
たとえ失敗に終わっても
それは全部自分の
経験になるし
「やって」「感じて」「考える」
初めての業務はまず行動して
その「振り返り」を必ず行う
これを繰り返せば
「今」よりレベルアップする
ことができるだろ？
君がやっていることは
ヒットを打ちたいのに
打席に立たずに
悩むバッターのような
ものだね
why…?
……
カチャ
ーとにかく
企画を出してみないと
それが自分の「本当にやりたい
ことかどうか」だって
わからないんじゃないかな

福士くんの
言うとおりだ
同期にここまで
言われないと
分からなかったなんて
恥ずかしい…！
やっかむことなんて
何もないよ
君はまだ
失敗すらできて
ないじゃないか

行動力を一瞬で伸ばす驚異の心理学メソッド

——ＰＤＣＡのＰにつまづくな。行動重視のＹＫＫ理論

思っていた仕事と違った

若手ビジネスパーソンが抱えがちな悩みです。こういう人は「本当に自分のやりたい仕事なのかどうかわからない」と目の前の仕事をおそろかにしがちです。そういう人にオススメなのがＹＫＫ理論です。

私の造語ですが、意味は「やって（Ｙ）、感じて（Ｋ）、考える（Ｋ）」。

行動を一番最初にもって来るのが特長です。この理論を実践すると、「先延ばし」がなくなります。着手してみると、思考は深まります。

ＰＤＣＡサイクルという言葉は知っていますか？

Plan（計画）→Do（実行）→Check（評価）→Act（改善）の４段階を繰り返す

ことによって、業務を継続的に改善する考え方です。研修などで習うことも多いと思いますが、問題は、

はじめての仕事で計画を立てるのは難しい点

［Pを抜けば、行動力は自然と生まれる］

です。企画書を作成するときのことを考えてみましょう。「○月○日にA」「△月△日にB」などとはじめからまだ一度もやったことのない仕事を、詳細な計画を立てようとすることは不可能だと思いませんか？　完璧な計画を立てようとすると、行動が後回しになります。いわゆる「頭でっかち」の状態です。ならいっそ、「Pを削除したらどうか」これがYKK理論の骨格。YKK流に企画立てを考えてみると、次のようになります。

①Ｙ（やって）

「資料の項目だけ考えてみる」「上司に提出する期限を伝え、意見をもらう時間を押さえておく」というように、まずは実際に手を動かしてみましょう。

②Ｋ（感じて）

手を動かすと、いろいろな気付きを得られ、自分が「知らない」ということに気付けたりします。この感覚を得られてはじめて、「では、どうしようか？」と対応策・修正案といった次のステップに進めるわけです。

③Ｋ（考える）

「項目詳細をつくるときは、もっと集中する必要があるから、電話対応なんかしてられない。適当な理由をつけて喫茶店にでも行くか」「目次だけで1時間かかったから、詳細作成は2時間はかかるかな」と考えられるのです。

ＹＫＫ理論は、メタ認知と呼ばれる自己学習の理論をかみ砕いたものになります。

ＰＤＣＡだと「走る前に考える」必要があります。思考が先行すると「今日は雨が降りそうだから、やっぱ明日にするか」などと「先延ばし」の原因になりかねません。

そうではなく、ＹＫＫ理論、とにかくやってみることが大切、「走りながら考える」のです。

「本当に自分のやりたい仕事なのか」とウダウダ考える前に、手を動かして仕事しましょう。打席に立つ前から、「俺って野球向いているのかな」と考えることほど、無駄な思考はありません。

君がやっていることはヒットを打ちたいのに打席に立たずに悩むバッターのようなものだね
why…?
……

［やる前に悩みすぎるのは、
時間のムダでしかない］

10秒CHECK!

☑はじめての仕事は、
　ＰＤＣＡサイクルのＰを抜いてＤから回す

☑思考や計画は、「先延ばし」の
　原因になりやすい。
　大事なのは「走りながら考える」こと。

☑やる前から悩むのは時間のムダづかい。

若手が失敗を恐れるなんて、成長期にカルシウムを取らないようなもの

――完璧主義を今日から取り除く 福山式「振り返り」スキーム

とりあえず行動って、それで失敗したらどうするの？

私がＹＫＫ理論を推奨するとかなりの確率で返ってくる言葉です。

いいじゃないですか、失敗して。失敗している人は挑戦している人です。手を動かさず、口だけ達者な人にあなたはなりたいですか？　もしあなたが優秀であったとしても、失敗を恐れその場に立ちつくしているようなら、要注意。

転べるバカにすぐに追い越されます

なぜ、挑戦しない人は挑戦する人より成長できないでしょうか？

行動さえすれば
たとえ失敗に終わっても
それは全部自分の
経験になるし
「やって」「感じて」「考える」
初めての業務はまず行動して
その「振り返り」を必ず行う
これを繰り返せば
「今」よりレベルアップする
ことができるだろ?

[転べるバカの成長速度が早い理由]

それは「振り返り」の材料がないからです。

常に成長し続ける人は、「振り返り」を実践しています。自らの行動や思考をつねに振り返ることで、同じ失敗をなくし、成果を出す確率を高めているのです。

さきほどの企画の例を思い出してください。目次の項目を書き出すだけで、さまざまな気付きを得られました。

未完成でもいいから企画を書き出して、提出することができれば、たとえボツになっても全然ＯＫ。上司からボツの理由を聞けたり、振り返りの材料が得られるからです。

そのボツになった理由を１つ１つクリアすれば、今度は企画が通るかもしれません。完璧な企画を出そうとして、結局提出できない人は、永遠に企画を通すことはできません。

プロトタイプという言葉があります。日本語で「原型」を意味し、ITの開発現場でよく使われる言葉です。プロトタイプは完成品を意味しません。未完成品でもいったん世に出して、そこでバグが出ても、随時修正を加えれば完成品に近づける、という発想です。挑戦できる人は、

はじめから完璧を目指しません

ゴールに向かいながら、修正すればいいや、というプロトタイプの発想でやっています。挑戦できる人は、はじめ失敗することがあっても、同じ失敗を防ぎ続けることができれば、確率論的に100%の完成度に近づいていけるのです。

若手のあなたは、完成品でもなんでもありません。失うものもさほどないはず。たたかれることもなしに、ブラッシュアップなんてできません。無様に転べるバカになることで、すまし顔の秀才たちを追い抜きましょう。

10秒 CHECK!

☑ベストではなく、ベターを速く選ぶ。

☑ゴールは修正しながら目指すもの。

☑挑戦しない秀才は、
転べるバカにあっというまに追い越される。

正しい努力を行うための「振り返り」3つのツボ

——努力自体に満足していたらただのマゾ

ちゃんと考えて仕事しているのか？

上司や先輩から、こう言われることも多いかと思います。「転ぶことも大切」と言ってきましたが、転ぶ↓痛い↓満足で終わってたら、ただのマゾ。非効率に仕事して、

残業自体に満足しているエセ努力家

みたいもの。転んだら、「なぜ、転んだのか」哲学者のように考えて掘り下げていくことが大切です。

［成功・失敗を問わず、行動をおこさなければ、「振り返り」の材料がない］

このときの「考える」というのは、自らの行動や思考を「自問自答」すること。問いを立て、自分なりの答えを言語化し、はじめて「考えた」といえます。机でただウンウンと唸っているのは、「考える」とはいえません。ただの「悩み」です。

仕事のやり方を考えるのであれば、まずは「さっきのアポイントの仕方は良かっただろうか？」「今日の上司の質問に対する答え方はあれで正しかったのか」などと問いを立てましょう。自問自答のポイントは次の３つです。

①点数化する

「よかったのだろうか？」「正しかったのだろうか？」という問いは曖昧です。「はい」「いいえ」というイチゼロの世界なので掘り下げが難しい。

一方、「今日の仕事は何点だっただろうか？」という問いなら、「１００点」「０点」ということはないでしょう。もし、

「80点」なら「では、20点の差分は何だったのか？」と問いを生むことができます。

②言語化する

思考は、書き出してはじめてクリアになります。書くといっても、メモ程度で十分。たとえば、「20点のマイナスは午前中の仕事がはかどらなかったこと、それはなぜ？　朝バタバタしてタスクの整理をしなかったから」でも十分に言語化できています。

③振り返ることで手を止めない

振り返りのペースは、人それぞれでOK。毎日1分仕事終わりに振り返ることが適切な人もいますし、週の終わりに10分振り返ることが適切な人もいるでしょう。大切なことは、現実を変えることです。「振り返り」はそれ自体が目的ではなく、次のテストで、いい点数を取るための手段です。「身体は未来に前進させながら、頭だけ過去にさっと向かせる」このイメージで、スピードを殺さず振り返っていきましょう。

10秒CHECK!

☑考えるとは、自問自答すること。

☑考えるコツは点数化、言語化。

☑「振り返り」で満足してはいけない。現実を「速く」「良く」変えるために行う。

「イタい人」にならないための自己アップデートのツボ

――浅い次元で悩むと、「老害」化に一直線

この人は、どの立ち位置からモノを言っているのだろう

と思いたくなる人、社内にいませんか？　「仕事さぼりまくりのあなたが、『仕事しろよ』って言うか」みたいな人。こういう「イタい人」は、周りから思われている自分像と、自分が思っている自分像にズレがあります。要するに、自分を客観的に見る力が不足しているのです。本章で述べてきたことは、要約すると

とりあえず、やってみる

←

感じたことを、考える（言語化）する

↓
次の行動に生かす

↓
感じたことを、考える（言語化）する

のサイクルを繰り返すことです。

このサイクルを繰り返していくと、自分を客観的に見る力が高まっていきます。自らの行動・知覚・思考を第三者の視点から眺めて、自分自身をコントロールできる力が身につくということです。

なぜなら、自分の考えを言葉にして、行動を修正していくことは、自分を外から眺めて、自分に指示する視点がなければ不可能だからです。「振り返り」とは、「過去の自分」を他人のように眺めて分析する行為です。

「イタい人」の多くは、「振り返り」をしません。「振り返り」をしなくなると、行動が低いレベルのままパターン化され、思考が深くなりません。

低レベルの思考と行動をひたすら繰り返す

だけなので、成長が止まる一方で、年齢だけを重ねていくので、頭が固くなります。いわゆる「老害化」です。恐ろしいのは、この老害化は一気に起こるのではなく、ゆるい坂道をくだるようにゆっくり進行すること。自分が認識できないくらいゆっくりと。「この人、イタいわ～」と思っていても、あなたが「振り返り」をしないのであれば、離れているようで実は地続き。それは、

何十年か後の自分の姿

かもしれません。大切なことなので何度も言いますが、若手のあなたは失敗して当然。失敗を見て見ぬふりをせず、可視化することで日々自分をアップデートしていきましょう。

もし、あなたの回りに自分の「イタいところをついてくる」人がいたらラッキーと

思わないといけません。そのときかいた悪い汗は、実はいい汗です。それは、「振り返り」を強制的に働きかけてくるからです。「このやろー」と反発することは簡単ですが、感情をかき立てられるのは、それが核心をついてるから。素直に自分を見つめ直すことで、プラスの方向に持っていきましょう。大切なのは、現在の感情ではなく、現実と未来です。成果で見返してやりましょう。ヘタに偉くなると、そういう汗かかせてくれる人いなくなりますからね、ホント。直言してくれる人は、有り難い存在なんです。

［イタいとこつかれたときこそ、
冷静に振り返り、建設的に考えること］

10秒CHECK!

☑イタいとこつかれたとき、かいた汗はいい汗。

☑それすらも自己アップデートの材料にするべし。

☑「振り返り」をしない人は、低レベルの思考と行動を繰り返し、「老害化」していく。

立ちつくす秀才より、
転べるバカであれ！
2年目のあなたが
「仕事になれた」などと
言っているなら要注意。

第2章

目標達成

米国最高峰のメソッドを超カンタンにしてみた

目標なんて自然に生まれるものではない。「目標」は向こうから「やってくるもの」ではなく、自分で「決めるもの」。

目標さえ決まればあとは自然に回り出す。

「君はまだ失敗すらできてないじゃないか」
正論だ…
Brunch
cafe
考えすぎて何も始めてもいないのに
嫉妬だなんておかしいってことだよね
いらっしゃいませ
あら
どうしたの?あゆみちゃん
珍しく沈んだ顔して
うん
ちょっと仕事で色々あってね
あらあら
そういう時は美味しいものでも食べて元気にならないとね

美味し～
あゆみちゃん本当に美味しそうに食べるから作りがいがあるわー
私もね最近少し限界を感じてるの
限界？
お店住宅地にあるからお客さんもそんなに来ないでしょ？
お店閉めるとか言わないよね!?
まだそこまでじゃないわよ
けどね
………
うちだけじゃないのよ？

うちみたいな小さい個人店はまず「知られること」が難しいから
カフェ
すべて　地図　画像
約180000件の検索結果
ベログ　ランキングTOP10
ネットだって検索しても上に来るのは大きいお店ばかりでしょ？
小さいお店だからこそその良さって絶対あると思うんだけどな
もちろん私もそう思ってるけど
はいデザートいつものね
うわ美味しそう！
SNS投稿と…
ピッ！
行きつけのカフェ「branch」で
SNS載せていい？
もちろん♪
―確かに個人の発信力なんて知れてる
じゃあ「美味しいものをみんなに伝える」にはどうしたら？

「見つけてもらう」のを待つのじゃなく
Cafe
Cafe
「嫌でも目についてしまう」よう飾りつけするとか？
あこれいいんじゃない⁉
たまたまそこを通った人も思わず足を止めてしまいそう！
ーいや社を挙げて「個人経営の飲食店を片っ端から装飾」なんて
絶対企画が通らないしそもそも足を止めてもお店に入ってもらわないと意味がない
あーっもう訳わからなくなってきたー！
ほらまた考えすぎてる

福士くん…
何でもいいから
紙に書き出して
ごらんよ
「何が求められて
何が駄目なのか」なんて
結果が出るまで
わからないだろ?
課長！
これ読んでください！
確かにそうだ！
君の「美味しいものを
広めたい」という
こだわりは伝わるよ
美味しいものをみ
知ってもらうため
食品企画部
西山あゆみ
けど
この企画書からは
その方法論が伝わらない
ボツ
何でですか!?

けど
「隠れた名店を発掘」という
着眼点は良いと思う
何度でも作って
持ってきなさい
はい！

〜〜〜〜
いけると思ったのにまた駄目だった…
「君はこのイベントを自分のために開催したいの？」
今回の駄目出しは効いたわ…
あ
待って…なんとなくだけど課長の求めるものが見えた気がする
当たり前だけどお客さんは『私』じゃないんだ
「私がやりたいこと」にばかり気持ちがいって目標達成のための手段を示すことを忘れてた
個人経営の飲食店を中心にした食べ歩きイベント
会場：駅前通りから市役所へ向けての
市内メインストリートや付近の公園（例年夏まつり開催会場）
個人経営のカフェやパン屋などの飲食店を中心に
「それぞれのお店や商品を沢山の人に知って貰う」を目標にし
屋台や移動販売車などの出店で「お祭りの出店感覚」でカフェ
メニューを食べ歩く。
会場
は個人経営の飲食店も多いため、来場者の為に
ンプラリーのポイントなど協力してもら
「美味しいものをみんなに知ってほしい」より先に必要なのは「来場者が楽しめるイベントを開催する」だ

お
今回の企画
なかなか良いじゃないか！
来場者が
イベントで知った食べ物の
「店舗」にも足を運んで
自然に口コミも広がる流れが
理想的だ
本当ですか⁉
まだ「仮」だけど
上には
かけ合ってみよう
けどこの実行には
協賛団体やお店へのお願い
あと
設営準備なんかも大変だぞ？
望むところです！
まずは「美味しいものを知ってもらう
ための場所」を作るべきなんだ！

Amazonでも採用されている無敵の逆算思考とは？

——なぜ、無難な未来を望むと成長できないのか？

今からあなたの自己紹介をしてください

こう言われたとしたら、あなたならどうしますか？　今の年齢、今している仕事、今好きなこと……。1年目なら、たしかにそれでいいでしょう。でも2年目からも挑戦し続けたいあなたの場合、それでは「現在の自分」だけでは不十分。次のような、未来のプロフィールも書込みましょう。

「毎月〇百万円を売り上げている」
「社内でも有名なアイデアマンだ」
「営業の新規開拓数ナンバー1で賞を受賞している」

［逆算思考＝理想のゴールから、実現のための手段を考える］

今の時点では達成できてないので、これはある意味「ウソ」。

でも、これでいいんです。大事なのは、1年後に「なりたい自分像＝ゴール」を明確にイメージすること。そうすれば、1年の間にやるべきことが見えてきます。

1年後に○百万円を売り上げるためには、半年で○百万円、1か月で○十万円売り上げる必要がある——。

このように、ゴールから逆算してやるべきことを細分化していくのです。1年後には、最初は「ウソ」みたいだったプロフィールが実現し、「ウソ」ではなくなっていることに気づくでしょう。

ポイントは「逆算思考」。それさえできていれば、期間は1年でなくて、3か月でも半年でも2年でも構いません。自分にとってイメージしやすく、モチベーションが続きやすい期間に設定してみてください。

逆算思考はあのAmazonでも採用されています。Amazonでは新サービスを考案するとき、企画書ではなく

プレスリリースからつくるそうです

プレスリリースといえば、ふつうは商品をリリースしてからつくるものですよね。でも、Amazonでは逆、プレスリリースをつくってから、それを商品設計に落とし込んでいくのです。

プレスリリースは、いわば

「1年後のプロフィール」を発表するようなもの

サービスの内容や売りはもちろん、リリース後に出すべき成果や予想される反応ま

［ゴールがあれば、実現のための手段を相手もイメージしやすい］

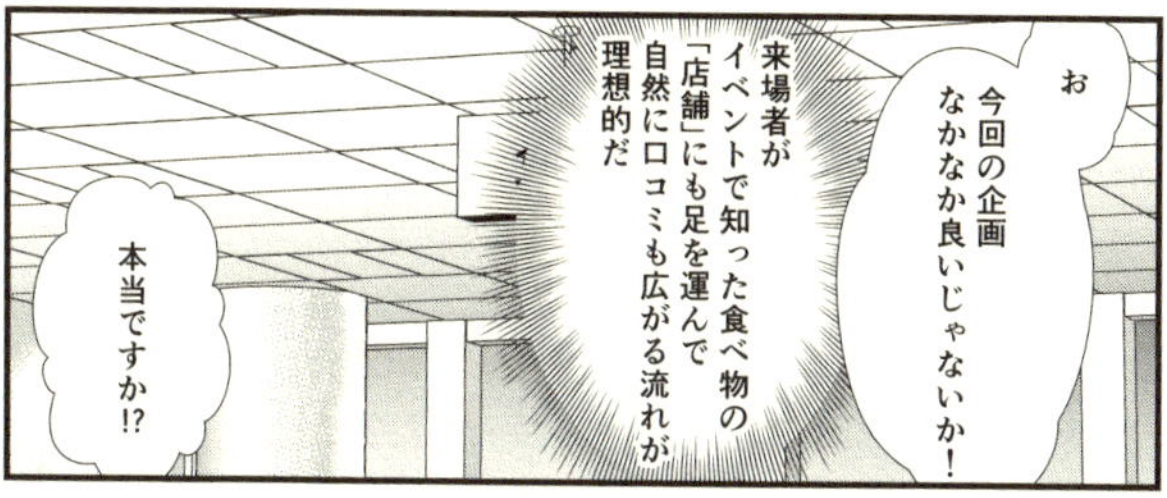

でが詰まっています。いやがおうにも、サービスの全貌が明確にイメージされ、そのためにはどのように商品設計をすればよいか、見えてきます。

キャリアについても同様です。ただなんとなく「売上トップになれたらいいのにな〜」と思っているだけでは、いつまでたっても目標は達成できません。大事なのはあるべき姿を具体的にイメージすること。そのために有効なのが、未来の自分のプロフィールなのです。

未来のプロフィールは、「恥ずかしい」くらいがちょうどよいでしょう。たとえば、25歳のあなたが「40歳くらいまでに課長になる」と言っても、それは想定範囲内。このような「すでに考えられる未来」は未来志向ではなく、ただの現状維持。「恥ずかしくない」目標を目指しても、そこに成長はないのです。

10秒CHECK!

☑キャリアイメージのコツは
X年後の自己紹介をつくること。

☑逆算思考は企画の実現、商品設計など
あらゆる仕事に応用が可能。

☑未来の目標は「恥ずかしい」くらいでOK。
「恥ずかしくない」目標は、ただの現状維持。

最先端の行動経済学が明かす秘密のセルフイメージ法

──「なりたい自分」は「なりたくない自分」から考える

ってても「なりたい自分」ってないんですけど…

1年後のプロフィールを書こうとすると、手が止まってしまう人がいます。よく考えてみたら、自分には「なりたい自分像」なんてなかった──。そう気づいてがく然とするのです。たしかに「どんな自分になりたい？」なんて聞かれても、パッと出てこないほうが多いもの。でも大丈夫。まずは、

「なりたくない自分像」から書きましょう

「こうはなりたくないな」「こういう人生はイヤだよね」。「トクをしよう」と思うより、

こういうネガティブなことを避ける力のほうが人間の習性として強いことは、行動経済学（損失・回避性）で明らかになっています。お金の話でたとえるなら、トクしたいと思うより、ソンしたくないという気持ちのほうが人間は強いということ。

まずは、片っぱしから「なりたくない像」を書き出していきましょう。いろんな言葉が出てくれば出てくるほど「自分が何をイヤだと思うのか」が具体的になり、大切にしている価値観が可視化されます。

「自分が信じられない商品を売るのはイヤだ」
「定時に帰れない仕事はイヤだ」
「年収1000万円以上を狙えない会社はイヤだ」

少し書いてみて、気づいた人もいるのではないでしょうか。

「なりたくない」は「なりたい」の裏返しなんです

この「なりたくない像」を裏返せば「なりたい自分像」のでき上がり。

「自分が信じられる商品を売りたい」
「定時に帰られる仕事に就きたい」
「年収１０００万円以上を狙える会社にいたい」

［「なりたくない自分」と向き合うと
ヘコむとも多いが、実は成長のチャンス］

そんな自分の思いが見えてくるはずです。そこから「信念ってどんなもの？」「売上ってどのくらい？」「お客様によろこんでもらうためにはどうすればいい？」と39～40ページの自問自答法で掘り下げていけば、「なりたい自分像」が完成するでしょう。好きなことが好きな理由はわからなくても、嫌いなものが嫌いな理由は言語化しやすいもの。理由がわかれば分析がしやすく、より具体的な「なりたい自分像」にたどり着きやすいのです。

10秒CHECK!

☑「なりたい自分像」が思い浮かばなかったら「なりたくない自分像」を書き出す。

☑なぜなりたくないのか、その理由を列挙する。

☑「なりたくない自分像」をひっくりかえせば「なりたい自分像」のできあがり。抽象的な言葉は具体的な言葉に置き換えていく。

目標設定を3倍ラクにする「高さ」と「早さ」の法則

――数値設定で忘れられがちな、ささいだけど重要なこと

何はともあれ、目標は数値化すること

これはよく言われることです。目標設定のコツは数値を入れること。具体的には「高さ」と「早さ」。この２つの数値を入れると、目標達成率は飛躍的にアップします。

①「高さ」とは

「高さ」とは程度のこと。売上や契約件数、年収などの具体的数字がこれにあたります。目標といえば、この「高さ」が一番イメージしやすいですよね。

②「早さ」とは

しかし、その「高さ」にいつ到達するのかという「早さ（期日）」の数値については、

入れ忘れている人が多いです

この「早さ」が数値化されていなければ、目標は漠然とした夢のまま。「いつか年収1000万円になれたらいいなあ、アハアハ」という

妄想レベルの話でしかありません

目標が決まったら「いつまでに？」と自分にツッコミを入れることを習慣にしましょう。「あと何年で」「○歳までに」という答えが出てきたら、しめたもの。期日が決まれば前述した逆算思考で、今年、今月、今週何を達成すべきかが明確になるからです。そうすれば自然と、今日、今この瞬間何をすべきか、という優先順位を決めやすくなっていくでしょう。

［新しいアイデアは「ひらめき」と「ダメ出し」の繰り返し］

期日に「高さ」と「早さ」が備われば、次のように1分1秒たりともムダにせずに、目標達成を目指せます。

「30歳までに、今の年収300万円から年収1000万円になりたい。そうするとあと7年だから、1年で100万円、1か月で8万円くらい収入を上げないと。では、1か月の収入を8万円上げるには、どうすればいいだろう？」

「年収1000万円」というと途方もない大きな夢のようですが、こうして順序立てて考えていくと、目標への道筋を立てられます。

目標が細分化されて「自分でもできそうだ」

と思えるのも、期日を入れることの大きな効用です。

「高さ」と「早さ」の数値を意識できていれば、たとえ目標が達成できなかったとしても、それまでの歩みはムダにはなりません。数値をつけて1週間、1か月、1年の行動を振り返ることで、なぜ達成できなかったのかを分析しやすくなるからです。蓄積されたデータが「次の一手」の成功率を上げてくれるでしょう。

月々の契約件数○件になる！「いつまでに？」
単月売上○百万円を達成する！「いつまでに？」
担当案件を○件増やす！「いつまでに？」

「高さ」は「早さ」とセットになってはじめて、達成可能な数値になります。目標ができたら、すかさず「いつまでに？」と問いかける。これを自分の中のルールにしましょう。

10秒CHECK!

☑目標の数値設定は「高さ」「早さ」が必須。

☑「早さ」という期日設定はヌケがち。

☑期日のない目標設定はただの戯《ざ》れ言《ごと》。

目標なんかなくても今日から目標設定はできる！

―ベストかどうかわからなくても、ベターな目標をつかみ取れ

目標設定の前に、目標が見つからないんですよ

こう相談されることがありますが、それもそのはず。そもそも目標は「見つける」ものではないからです。どこかに「正解の目標」が落ちていて、それを見つければ望む人生を生きられるなら、誰も苦労はしません。目標は自分で「決める」もの。今ある選択肢を見て、たとえそれがベストかどうかわからなくても、

ベターな選択肢を選ぶものです

目標が見つからないと嘆いている人は、決めることから逃げているだけ。それは、

「やりたい仕事がわからない」と言って就職しないようなもの。

じゃあ、無職で「やりたい仕事」が見つかるか、といったらそれは違います。わからないなりに仕事を始めたほうが、「やりたい仕事」に近づけます。どんな仕事でも始めれば、自分にとっての向き・不向き、自分の志向性が情報として得られるからです。

「能動的に仕事をしろ、受け身になるな」とよく言われますが、それがなぜだか考えたことはありますか？　自分で設定した目標は、自分が全責任を負えるからです。人に決められた目標は、どこか他人ごとで、未達成時の言い訳につながり、言い訳は自分を弱くします。ちなみに、目標は高ければ高いほうがいいわけではなく、

いったんしゃがむことも達成には不可欠です

「目標を下げたら負け」なんてことはありません。大事なのは、今現在の自分が一番がんばれる目標かどうか。それには現実とかけ離れた理想よりも「これなら達成できるかも」くらいの高さの目標がいい、こともあります。高い目標で未達成が続き、自信を失うくらいなら、本当に達成したい目的を考えて、戦略的に目標を設定しましょ

う。たとえば、

「世界一の金持ちになる」

なんて急に大それた目標を持っても、何から手をつけていいのか考えにくいもの。それなら

「この会社でナンバーワンの○○になる」

という目標を持ったほうが、「現在1番の人は誰なのか」とか「その人の達成した目標は何で、何歳のときに達成したのか」とか、具体的な行動に落とし込めるものです。

いずれにしろ、決めた目標に向かってがんばるのも、何かあったときに責任を取るのも、最終的には自分です。「決める」まではいろんな情報や意見を参考にしてもいいから、最後は勇気を出して決断してみてください。その強い気持ちが、目標達成のモチベーションにもなるはずです。

10秒CHECK!

☑目標は「見つける」ものではなく、「決める」もの。

☑自分で設定した目標のほうが、自分事として本気になれる。

☑目標は目的からブレークダウンして、戦略的に下げるのならばＯＫ。

大きな目標も難なく達成！驚異の「細分化」メソッド

——転職だってパソコンを立ち上げなければ始まらない

あのその〜目標設定しても達成できる気がしないんです

目標を下げても、まだそう思う人は、下げた目標をさらに細かくしていきましょう。
細分化のコツは、目標を「結果目標」と「行動目標」の2つに分けることです。
結果目標とは、自分が目指すべき最終的な目標のこと。
これに対して行動目標とは、結果目標を達成するために立てる、

自分のコントロールが可能な目標です

効率よく目標を達成し、成長するためには、２つの目標をうまく使い分けることが大切です。細分化の過程で「あっ、このくらいの目標なら、がんばれば達成できそうだな」と思える瞬間が必ず来るはず。そこまで細分化できたら、あとは順々に達成していけばいいだけです。

たとえば転職するためには、面接を突破する必要があります。面接に行くためには、応募書類を書く必要があり、応募書類を書くには、エントリーする必要がありますね。

「転職したいけど、面接で落とされるの怖いな」

「っていうか、応募書類書くのだりーなー」

という人もエントリーボタンをクリックするだけなら、できそうですよね。

えっ、クリックすら勇気いるですって！

わかりました。それなら「パソコン立ち上げる」を行動目標にして、まずはそれを

［「企画を出す」という行動目標も「企画を通す」という結果目標の第一歩］

達成しましょう。

最初は深く考えずに、転職サイトをぼんやり見るところから。そのうちに「いいな」と思う企業が出てきたら、エントリーしてしまえばいいのです。

これでめでたく行動目標達成です。おめでとうございます！

それだけじゃ何も変わらない、と思うなかれ。エントリーさえすれば、通るにしろ通らないにしろ、具体的なリアクションが返ってきます。私は今人事部長も兼ねていますが、ぶっちゃけ転職はタイミングがかなり大事です。本当に転職したいなら、ぶつくさ言わず「とりあえずエントリーする」のが

[一歩目を踏み出せば、たとえボツでも具体的なリアクションが返ってくる]

有効なのです。

これは転職活動に限った話ではありません。大きく見える目標だって、細分化していけば達成できるんです。

ハードルを跳ぼうとするのではなく、

下げたハードルを1つずつ跨《また》ぐイメージ

でOK。まずは目標に向かって、小さくとも一歩を踏み出すこと。そうすれば、事態は動きはじめます。ちょっとだけ勇気を出して、がんばってみてくださいね。

10秒CHECK!

☑目標には「結果目標」と「行動目標」がある。

☑行動目標は「これなら実行できる」というハードルまで下げることが大切。

☑転職でいうなら、面接↓エントリー↓転職サイトを見る↓パソコンを立ち上げる、というくらでも行動目標は下げられる。

高いハードルに
戸惑うくらいなら、
ハードルを下げに下げて
まずは跨《また》いでみよう。
成功体験の積み重ねが、
あなたの実力となる。

第3章

報連相

失敗しようのない超シンプルな進行法

土台の確認もなしに仕事を進めて「どうっすか?」とイキったところで、「なんか違うんだよね」と言われたら、すべての努力は水の泡。

あなたの努力が100%報われるための、周りを正しく巻き込む技術。

企画通ったんだって？おめでとう
福士くん
食品
馬鹿マジメに食べ物のことばかり考えた結果だな
何それイヤミ？
まさか
事実だろ？ほめてるんだよ
福士くん！フードフェスタの打ち合わせ！
あ
今行きます
じゃがんばってね
うん福士くんもね
さて
何からしようかなー

「社内は今
フードフェスタへ向けて
動いてる」
「こちらは食品業界共通の
大きなイベントだから
会社として優先せざるを得ない」
「でも君はこの企画を
しっかりと練り込んでくれ」
「採用かどうかは
それからだ」
あくまで
「仮」採用なんだよな―
食べ歩き企画について
きちんとまとめてから
報告した方が
課長も分かりやすいよね
私も
全部決めてからの方が
報告もしやすいし
プレゼンもしやすそう
よし
やるべきことを完璧に
書き出してみよう

あれ？
これ
こんな内容だったか？
え⁉
そうですよ⁉
うーん
食品企画部
思っていたのと
何か違うな
えぇっ⁉
いろいろ
書いてるが…
肝心な開催日や
参加してくれるお店が
全然わからないんだが？
あ
それは企画がきちんと
決まってから声を
かけた方があちらの都合も
良いかと思って―
は⁉

会場の手配も
参加店も
決まってないどころか
話もしてないのか!?
そんな企画
通せるわけがないだろう!
あ
もういい
下がりなさい
…でも
言い訳する
暇があるなら
その時間を使って
ひとつでも多くのお店に
声をかけなさい!

しまった―!
中央食品
食品企画部の西山と
申します
食品関係のイベントで
ご相談が―
―はい
はい!
ご検討よろしく
お願いいたします
え?
いえ
開催日はまだ
決定ではなく―
日程は市役所など
通して調整中で―
―あ
そうですか
わかりました
どうしよう…
会場は正確な日にちが
まだ決まらないから
お店もハッキリした返事が
もらえない
気になっていたお店には
全部声をかけたけど
検索しても限られたお店しか
出てこない
このままじゃ
課長にもいつ報告できるか
わからないし
企画もなくなっちゃうかも―

福士くんに相談する…?
でもこの前あんなこと言われたばかりなのに恥ずかしくて言いにくい…
けど—
福士くん!
このまま ずるずる悩む時間が 一番「時間のロス」だ!
—なるほど
あのね 「客観的に正しいか どうか」なんてあんまり 関係ないんだよ
大切なのは 自分がどちらかを 判断して 意思決定のスピードを 上げること
あと君 「ホウレンソウ」の ミスをしてるね
ホウレンソウって 聞いたことあるけど—
報・連・相 「報告」「連絡」「相談」の ことだよ
報告
連絡
相談

ホウレンソウで大事なのはとにかく「2・5・8」のタイミングなんだ
2・5・8?
2割
5割
8割
GOAL!
PROJECT
進捗を「2割」「5割」「8割」に分けて共有すること
特に大事なのは「2」だね
これで合ってる?
やっぱりこっち
2割 CheckPoint
2割
2割の段階で報告して必要に応じて軌道修正をしていくんだ
つまり「最初の方向性」を確認することが一番大事
今回のことだってそうだろ? もっと早く確認していればスムーズに進んだかもしれない
カコン
…うん
関係者を巻き込む仕事はなおさら大切なんだね
あ そうだ
良かったらこれ使いなよ

これ…
あなたの街の知りたいがいっぱい!
今月の特集
☆カフェ
隠れ家発見
市内だけじゃなく近隣の市の情報誌――!
ネットで調べても店名が分からないと出てこないようなお店がたくさん載ってるだろ?
コンビニとかで見つけたら集めるようにしてるんだ
大事なことほど検索エンジンでは拾えない
一次情報を自分で拾いに行くことが大切なんだ
「検索しても上は大きなお店ばかりでしょ」
「まずは計画を完璧に」って思った時点で間違いだったんだね
完璧なアウトプットなんて必要ないんだよ
いいかい?

ほしい情報を
知ってる人が居るのなら
そのネットワークを
利用するんだ
食品業界ニュース
つまり
ググる前に
聞け――！
TOWN
街のお得情報満載!!
和食
洋食
イタリアン
地域別
おススメのランチスポッ
あなたの街の知りたい
今月の特集
☆カフェ
隠れ家発見！
―うん！

トラブル知らずの「2割ホウレンソウ」理論

―方向性がズレていると、努力した分だけ仕事が遅くなる

報告・連絡・相談

ホウレンソウ。「報告」「連絡」「相談」の頭文字をとったもので、ビジネスを円滑に進めるのに大事な要素です。

チェックポイントは、上司から

「あれ、どうなった？」

と言われたことがあるかどうか。この指摘があるうちは、まだうまくホウレンソウをできていない証拠。

「いやいや、後でしっかり報告しようと思っていたんです」という人は、ホウレンソウの本質を捉えていません。ホウレンソウで何より大切なのは、タイミングなのです。

私自身、仕事でミスをしたのは、大抵ホウレンソウがうまくいっていないとき。完璧なアウトプットを目指すあまり、報告が後手後手になり、

自分ひとりで背負いこんだとき

大事なのは、周りを巻き込んで、ひとりではできない仕事をやり遂げること。そのために必要なのが、ホウレンソウです。

上司から頼まれた仕事なら、あなたと上司はチームのメンバー同士です。クライアントがいれば、その担当者ももちろんチームの一員。あなた1人で作業をしているつもりでも、大きなプロジェクトの一部です。上司やクライアントは、プロジェクト全体を滞りなく進め、成功させたいと考えているでしょう。だからあなたも、その期待に応えるため、完了報告だけでなく途中経過の報告も必要になります。

ホウレンソウのタイミングは「2・5・8」が目安です。作業全体を10とすると、2

［2割の時点で方向性を共有できれば、周りを正しく巻き込める］

割の時点で一度報告、その後5割と8割の時点でも経過を報告しましょう。

特に「2」のタイミングが大切

北極に進むプロジェクトなのに、南極に進んでいたらアウト、進んだ分だけソンをします。はじめの「2割」が重要なのは、方向性を共有するためです。

逆にいうと、進むべき方角を間違えていなければ、「2」のあとは必ずしも「5」「8」にこだわらなくても大丈夫。「こまめな報告嫌いな人だから、2のあとは8でいいだろ」と上司やクライアントの特性に合わせてタイミングを図りましょう。

［方向性を共有できていないと、頑張った分だけ非効率になることも］

方向性が違っているのに、仕事を進めていても、それは砂上の楼閣。

「どうっすか。この建物！」

とイキっても「いや、ここに建ててほしくなかったんだけど…」と言われたら、これまでの努力は水の泡。

「土台はこれでいいですか」

この確認するのを忘れず、「進捗2割のホウレンソウ」を心がけましょう。

10秒CHECK!

☑ホウレンソウは内容ではなく、タイミングが重要。

☑タイミングは進捗２割・５割・８割に分ける。

☑なかでも２割の方向性を確認する作業が重要。

☑方向性の共有なしに仕事を進めるとトラブルになりやすい。

アイデアをざくざく出せる人は上司のムチャぶりに対応できる

――インプットをガンガン行い、突然のアウトプットに備える

○○ちゃん、今度の会議で新しい企画を出してよ！

上司や先輩からこう言われて、困ったことはありませんか？「急に言われてもアイデアなんて出てこないよ。こういうときだけ、ちゃんづけしやがって」なんて。そうなんです。アイデアは、その人が頭に入れたものからしか出てきません。インプットをしていない人は、そもそもアイデアの材料がないから対応できません。

具材なしに、料理はできません

入社1年目のとき、上司から突然「新しいスマートフォンアプリの企画を考えてく

［スキマ時間を使って情報をインプットすることは、問題解決につながる］

れ」と言われました。

当時の私は、SNSアプリを必要最低限使っていただけ。アプリ関連のニュースも見ておらず、インプットが足りていませんでした。やはりというべきか、考えても考えてもアイデアを出せず、結局同期の中でビリの成績でした。

そこから私は、毎日200個のアプリを触ると決め、直属の先輩が見ているニュースサイト、アプリ、SNSでフォローすべき人を聞き出し、マネをしました。地道にインプットを続けた結果、2年目以降はヒット企画を生み出し、「スマホアプリならば福山に聞けばいい」という立ち位置を築くことができました。

このように、アウトプットの質はインプットの量に比例するのです。インターネットを使えば、無料で大量の情報が手に入る時代。

「通勤中、ヤフーニュースくらいはチェックしてみっか」

はじめはこのくらいのレベルでよいので、インプットを習慣にしましょう。少ない情報量でも、数年後、十数年後に大きな差になります。

インプットのコツですが、「エンジニアだからＩＴの専門書」などと枠にとらわれる必要はありません。歴史書、伝記や経済誌、マンガや映画だってＯＫ。仕事とはまったく違うジャンルの知識が、思いがけずに仕事に役立つということは、よくあるものです。視野を狭めず、興味がわくもの、ピンと来たものを幅広く取り入れてみましょう。

オリジナルのアイデアは、情報ソースの独自性から生まれます

「準備一生、勝負一瞬」の精神で、アイデアが必要になる場面に備えましょう。

10秒CHECK!

☑アイデアは自分の頭の中からしか出てこない。

☑みんなが知らないことを突き詰めると、企画に独自性が生まれる。

☑準備を常に行ってきた者だけが、一瞬のチャンスをつかまえることができる。

なぜ、巻き込める人は「ググる前に聞く」のか？

―エキスパートがいるのにウェブを頼るのは、ただのコミュ障

それくらいググレ、カスが！

おお、こわっ。ネットで初歩的なことを聞くとよく見かけるレスポンスですね。ネットの世界では自分で調べるのがマナーかもしれません、仕事の世界では違います。「こんなこと聞いたら怒られるかなあ」と思い悩む時間はムダです。その理由は2点です。

①ネット情報は間違った情報も多い

たしかに「質問する前に、自分で調べてみなさい」というのはわかります。ネットは、全体像をつかんだり、最低限の知識を身につけるには役に立ちますが、ネットには間

［自分で調べるより人に聞いたほうが、圧倒的に早いことも多い］

違っている古い情報がゴマンと落ちています。そこから適切な情報を得るには、情報の取捨選択を行う情報リテラシーが求められます。野球でも初めに間違ったスイングを覚えてしまうと、矯正に時間がかかります。それなら、信頼できる先輩なり上司なりを見つけて、いつでも聞ける関係を構築するべきです。

②本当に価値ある情報はネットにない

本当に大切な情報は、インターネットには落ちていません。検索して無料で得られる情報は、所詮表向きの情報。建前や広告記事も多い。本当に大切な情報や本音は隠されていたり、直接人に聞かなければ得られません。情報の源泉は人です。

［ヘタなプライドは捨てて、困ったら相談できる関係構築が大切］

国や企業のトップも機密事項は、会って話します。大切なノウハウも、人にしか蓄積されません。

同じ会社であれば、できる人ほど自分のノウハウは包み隠さないものです。

ヘタなプライドを持ったりする前に、仕事のできる人に素直に聞く謙虚さを持ちましょう。

10秒CHECK!

☑重要な情報、最先端の情報はググってもでてこない。

☑自分だけの力でやりきることは、ビジネスの現場では求められない。

☑困ったときは解決法を自分で探すより人に聞いたほうが早いことも多い。

☑できる先輩と何でも聞ける関係性を築くべし。

有益なアドバイスを1秒で選び取る方法
――「ピンと来たアドバイス」が最良の選択肢である理由

いったいどの情報が正しいんだろう？

インプットを続けていると、こうした悩みにぶつかります。信頼する先輩2人に話を聞いたところ、アドバイスは正反対のものだったなんてことも、よくあるものです。
結論から言うと、世の中に「正しい情報」はありません。情報が正しいかどうかと、

それが自分にとって有用かどうかは、別問題

あなたがほしいのは「誰にとっても正しい情報」ではなく「目的達成に役立つ情報」ですよね。それなら大事なのは、「これを信じてみよう」と納得できるかどうか。そ

のアドバイスを聞いたときに、ピンとくるかどうか。精神論みたいに思えるかもしれませんが、これが一番大事なことなんです。

ジャイアンツの元監督である長嶋茂雄氏が「腰をグーッと、ガーッとパワーで持っていって、ピシッと手首を返す」というように、擬音語をふんだんに使って指導を行ったのは有名な話です。これは傍で聞いている人には何の役にもたたないでしょう。

しかし指導を受けた選手たちは一様に感銘を受け、その言葉をメモしていたそうです。「腰をグーッと」やることが正しいかどうかはわかりません。しかし、そのアドバイスが

その人にピンと来るなら有益な情報なのです

情報の正しさは、その人の置かれている立場や時代背景、利害関係などによって変わります。先輩のアドバイスが2つに割れてもそれは当然。「答え」は人それぞれですから。たとえ「占い」でも、それがあなたの背中を押すのであれば価値があります。

それなら「何が正しいんだろう」と悩み続ける人よりも、「これを信じよう」と決

めて動き出せる人のほうが強いんです。具体的に動けば、具体的な問題が出て、具体的な答えを出そうと努力できます。「正しさ」は与えられるものでも、道に落ちているものでもありません。信じて行動を起こして、

はじめてぼんやりと見えてくるものです

[客観的な正しさを求めるより、選択スピードを重視する]

10秒CHECK!

☑ビジネスの現場で「誰にとっても正しい」という情報はない。

☑アドバイスで大切なのはピンと来るかどうか。

☑1つのアドバイスを信じ意思決定のスピードを上げ、突き進んだほうが結果が出るスピードも早い。

☑意思決定のスピードはクオリティも高める。

実力が最速で評価される世界一カンタンな相談法

──オールBよりたった1つのS評価を勝ちとれ

ジェネラリストがいいのか、スペシャリストがいいのか

洋食から和食まで豊富なラインナップを誇るファミリーレストランの幕ノ内弁当と、食材からソースまでこだわり抜いたハンバーグ専門店のハンバーグ弁当。印象に残りやすい弁当はどちらだと思いますか？

当然、答えは後者のハンバーグ弁当

なんでもできるというのは長所のようでいて、短所でもあります。器用貧乏というやつです。一番の理由は、中途半端に見えてしまうこと。Aのファミリーレストラン

［「自分はコレが得意」というタグ付けをした人に、自然と情報は集まる］

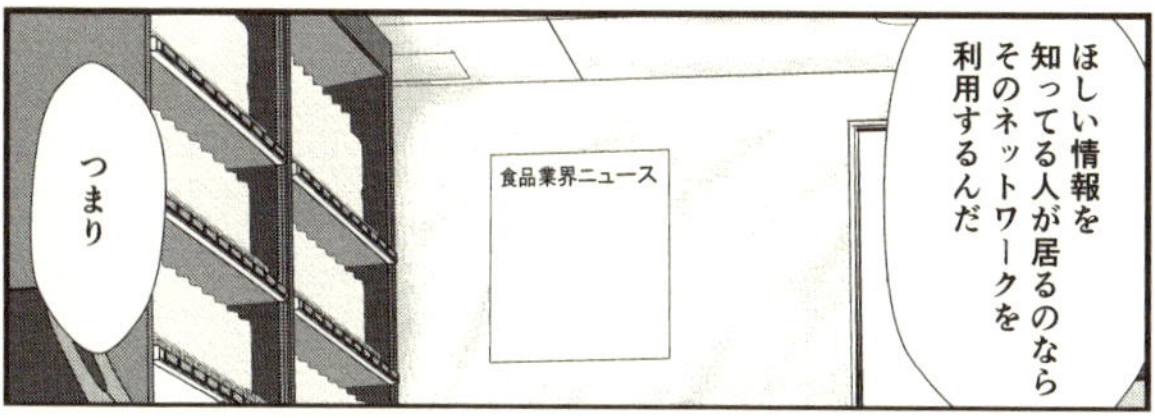

はなんでもそろっていますが、それだけに記憶に残りません。

ビジネスにも、同じことが言えます。まんべんなくこなせるジェネラリストよりも、特定の領域に詳しいスペシャリストに仕事が集まります。後者は「私はこれが得意です」というう「タグ」が付いているからです。

「なんでもできます」と言われると、頼む側は「何を頼めばいいんだろう」となります。

選択肢が多いと、相手は選択しないといけません。

選択は決断と同様、疲れるもの

それなら「この分野なら任せてください」と言われたほうが依頼しやすいし、安心感もあります。

仕事が集まる人になりたいなら、まずは自分なりの「タグ」を付けること。これが鉄則です。

そういう私も独立したてのときは、仕事ほしさに「なんでもできます」を連発していました。ウェブサイトをつくれる、アプリもつくれる、営業もできる、新規事業もつくれる……。でも、がんばってもがんばっても「何かあったら相談します」という程度の話で終わり、受注につながりません。

今の自分は、どれも中途半端に見えるんだ

そう気づいたある時期に、私は自分に

「営業のプロ」という「タグ」を付けました

行く先で行く先で「営業のことならお任せください」と言ったのです。するとみるみるうちに営業のご相談が増えました。

それだけではありません。ご相談をきっかけにお話ししていくうちに、新規事業の立ち上げや組織の建て直し、会社経営のアドバイスなど、営業以外の案件もいただく

ようになったのです。やっていることは以前と同じ、

変わったのは「タグ」を付けたことだけです

このように自分に「タグ」を付けると、あなたは

上司の脳内の検索エンジンで上位になります

「○○だからあの人だな」と相手が思い浮かべてくれるのです。

あなたの「タグ」はどんなものですか？

どんな人にも、得意なことはあるはず。あとは、相談するときなど、上司と接する際、自信を持って上司にアピールするだけです。今日からさっそく「タグ」を付けてみましょう。

10秒CHECK!

☑ジェネラリストよりスペシャリストに仕事が集まる。

☑自分の強みを理解したうえで「私は◯◯のプロ」ですとタグ付けをする。

☑「何でもできます」ではなく「これなら任せろ」が自分を引き上げる。

仕事に正解はない。
大切なのはわからないなりに
決断して行動に移すこと。

第4章

時間術

1日を27時間にする究極の「3分間」ルール

作業スピードを速くしたところで、仕事は速くならない。残業時間は減らない。

重要なのは決断を速めて、着手スピードを上げること。スピードを上げると、相手も自分も負担は軽くなる。どんどん決断して、どんどんラクしていこう。

「失敗できてるんだから
前進してるよ」
「あとは同じミスを
繰り返さないように
気を付けることだね」
はい
では引き続き
よろしくお願いいたします
西山さん
これ2時までに
入力よろしく
あ
はい
まずは入力から…と
通常業務と平行して
企画進行は結構
キツいな…
それで
提出できなかったことも
あったっけ
いや
今まではこうやって
「考える」ことから逃げてたんだ
これくらいで丁度いい

「2割」か…
これくらいでいいのかな?
食べ歩き企画について
開催予定日(仮)
会場　駅前通り沿いの公園(確定)
時間　十時から十五時頃
出店予定店15店(確定)
カフェ　branch
オリーブカフェ
焼きたてパンのお店
お茶の森　カフェ
「簡単すぎる」って怒られないかな
課長 現在このような内容で進んでいます
ご確認お願いします
うむ
食品企
ああ いいんじゃないかな
この方向で進めてくれ
え?
何だね?
何か変更でもあるのか?
あ いえ…
ちょっと簡単すぎるかと思っていたので…
いや 簡潔にまとまっていてわかりやすくて良かったよ
短い時間で必要な確認ができる良い内容だ

言われた仕事を
おとなしくこなしている
だけかと思ってたら
なかなか
やるようになってきた
じゃないか
ありがとうございます！
わかった
決断スピードを上げると
相手の負担も減るんだ
あー
ちょっとまだ
予定がわからないかな
そうですか
わかりました
ご都合よろしければ
ご連絡お願いします

参加店が50としても
100店以上声かけしなきゃ！
声かけリスト
カフェ
参加
断られるお店も出てくるだろうから最終的にいい数になるだろうし—
プルルルル！
はい 中央食品 食品企画部西山です
あ オリーブカフェさん 先日はありがとうございました
はい
良いイベントを作ります よろしくお願いします！
え 当日のお手伝いもしていただけるって本当ですか!? ありがとうございます！
よし！

今日声をかけておきたい
お店や団体には声をかけられた
早いほど
良い返事も悪い返事も
早くもらえる
これなら会場の規模も
計算しやすい
時間は限られてる
とにかく「速度」と「重要度」を
見極めて動こう
手作りパンのお店
特集
福士くんに借りた
情報誌のおかげで
本当に助かってるな
プルルルルルッ
はい
中央食品
西山です
ぁ
市役所の―
え?
どうしよう
福士くん…
休憩室

フードフェスタと日にちが重なってしまったね
……うん
あーっ
もう何でこんなタイミングが悪いのー!?
自治体の都合なんかは動かせないからね
「企画の内容を完璧に作ってから会場確保」と思って出遅れた君の責任でもあると思うけど
…反省してます
もともと君はフードフェスタ担当じゃないんだからラッキーだと思ってそっちを進行するしかないね
うん
休憩
そうか日程のことはまあ仕方ないだろう
企画部

それよりこの協賛団体に開催日決定の連絡はできたかね？
いえまだです
設備準備もお願いするんだからまずはそちらへ連絡しなさい
はい
私もこれからフードフェスタの準備で忙しくなる
そうだな…次は協賛団体への連絡がすんである程度の参加店が決まったら報告くれるか？
フードフェスタのほうはメーカーがたくさん参加するから行きたかったんだけどな…
試食し放題らしいし…
もちろんそれ以外の相談があれば遠慮なく来なさい
はい
西山さん一緒にお昼でもどう？

先輩…
あ…
「まずは協賛団体へ連絡を」
すみません…
あの…食べ歩き企画をキリの良いところまで進めたいのでお昼はちょっと…
そう忙しいなら仕方ないわね
また暇になったら付き合って
嫌われちゃったかな…？
―けど
とにかく決断を早めてフィードバックを手に入れないと「その先」へ行けない
「やらないことはやらない」と決めるのも大事なことだ

締め切りを（ほぼ）ゼッタイ守れる最強の「3分ルール」

——短時間でも着手すれば、仕事の全体像が見えてくる

すみません。納期を伸ばしてもらえますか？

仕事をしていると、いつも締め切りに遅れる人がいるはずです。

一方で、誰よりも忙しそうなのに、締め切り厳守の人もいるでしょう。両者の違いは、仕事の速さ。でも、仕事の速さ＝作業スピードの速さではありません。

たとえば、タイピングの速い人＝仕事の速い人、とは必ずしも言えないはず。作業時間の短縮で仕事を速くするのは限界があるのです。

仕事の速い人は、着手するスピードが速いのです

［決断のスピードを上げていくと、自分も相手もラクになる］

仕事の遅い人は、着手前に悩んでいる時間が長い。仕事を目の前にすると

「どこから手をつけよう」
「誰に発注お願いしようかな」
「っていうか、自分にできるのか」

とひとしきりうろたえた後、

「後で考えよう」

などと着手を後回しにしてしまいます。

スピード仕事術のコツは、とにかく速く着手すること。これが大事。前提条件。着手を後回しにしたら、ドツボにハマります。

では、着手するときのコツは何でしょうか
私は「3分ルール」で全体像をつかむようにしています。
3分ルールのコツは次の3点。

①3分で作業工程を書き出す

会議でプレゼンする場合で考えてみましょう。「テーマ・ターゲットを考える」「上司と方向性の確認」「目次作成」「パワポで資料作り」「プレゼンアシスタントとのリハ」と全体の工程を3分で分解します。この時、優先順位やダブりなどは無視します。

②3分でセンターピンを見抜く

次に分解した工程をまた3分かけて見渡します。ポイントは、外してはならない要素やタスクを見極めること。ボーリングのセンターピンのように、「ここを外さなければ上手くいく」というポイントを見出すことです。

③タイマーで時間を計る

時間は厳密に3分に絞ったほうが集中力が増します。私は、タイマーや砂時計を使い3分を計っています。初速に勢いをつけたい場合、3分という定められた時間を意識することがオススメです。

全体像が見渡せると、「大きな仕事」に漠然とおびえているより、気持ちがラクになります。気が進まない仕事こそ、「まずは3分やってみる」をルールにしてみてください。

決断のスピードを上げることは自分のためですが、結果相手のためにもなります。冒頭の納期引き延ばしのセリフを考えてみましょう。早い段階で相談することを決断できてたら、相手も対応手段があるでしょう。

しかし、この相談が遅れれば遅れるほど、相手の時間も奪われ、対応手段が限定されることになります。決断スピードを上げる。それだけで、自分も相手も負担が減っていくのです。ショートカットキーをたくさん覚えて作業スピードを上げたところで、仕事は速くなりません。

10秒CHECK!

☑仕事が速い人＝決断スピードが速い。

☑決断が速い人＝着手スピードが速い。

☑着手時のコツは「3分ルール」で仕事の全体像を捉えること。

「急ぎの仕事」をいっぺんに解消できる「仕事＝落ちゲー」理論とは？

——どこに落とすか「決定」する力がモノをいう

上司から『急ぎの仕事』振られちゃった！

３分ルールで仕事を分類していくと、優先順位に迷う仕事が出てきます。

「今日が納期のAを最優先すべきだけど、上司に振られたBも急ぎの仕事らしい」……こんなとき大事なのが「まずはAを終わらせよう」と決めて、そこにコミットすることです。そうしてAを終わらせてから、落ち着いてB、Cと片付けていきます。

優先順位を決めて、１個１個片付ける。これが急ぎの仕事が複数あるときのコツです。

「どうしよう、終わらない」とパニックになると、AもBも納期に間に合わなくなります。この時必要なのも「作業スピード」ではなく「決断力」。

２つの中でも１番にするべき仕事はどれか。これを決めて集中することが、案件が被《かぶ》ったとき、うまく仕事をさばくコツです。

Aに絞ると決めたら、「Aから着手して今日中に仕上げてから、Bに着手しようと思いますが、よろしいでしょうか？」などと上司に相談をしましょう。よくよく聞いてみれば、「急ぎ」といっても、あしたの午前中であれば、十分間に合うかもしれません。

私は新卒で入った会社でゲームの立ち上げに関わったのですが、みなさんはテトリスというゲームをご存知でしょうか？　ぷよぷよでもモンストでもいいですが、

ああいう落ちゲーと仕事って似てます

「ああ、たまってきた。ヤバいよ、ヤバいよ」とパニックになるとゲームオーバー。落ちゲーがうまい人の共通点は、ベストな選択でなくてもいいから、とにかく「ここに落とす」と決断している点です。

この「決断」こそが、あなたのオリジナリティになります。あらかじめ決まった作業をするだけなら、ロボットにもできます。でも複雑な状況下で決断を下すことは、

［優先順位を見極めると、仕事の「速度」は増していく］

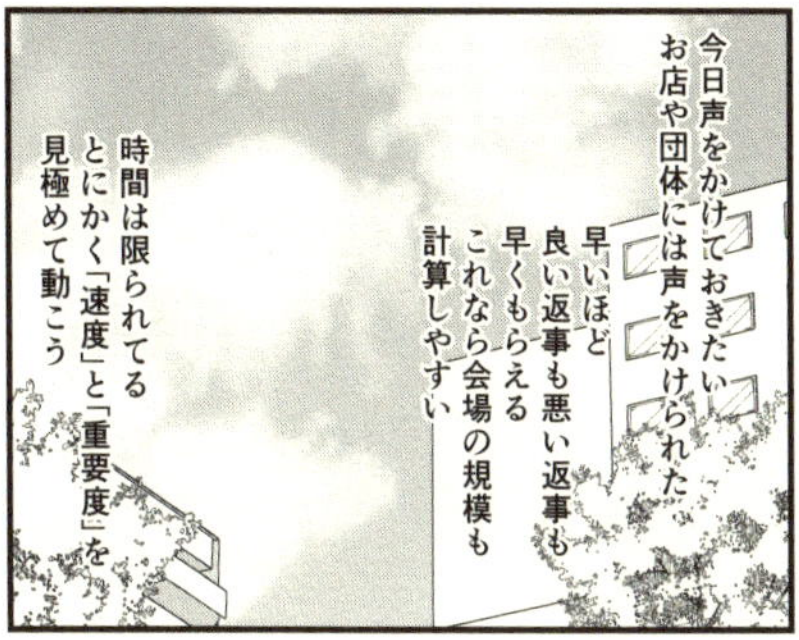
今日声をかけておきたい
お店や団体には声をかけられた
早いほど
良い返事も悪い返事も
早くもらえる
これなら会場の規模も
計算しやすい
時間は限られてる
とにかく「速度」と「重要度」を
見極めて動こう

まだまだ人間にしかできない仕事。これからの社会を生き抜けるビジネスパーソンになりたいのなら、決断力を磨くことは必須。パソコンのタイピングが速くなるだけでは、仕事は速くなりません。

10秒CHECK!

☑何から着手するかは上司と相談する。

☑作業スピードを上げることは目的ではない。

☑決断こそロボットにできない人間特有の領域。

アイゼンハワー・マトリクスで一瞬で優先順位をつける

──「緊急でないが重要なこと」に集中してコスパよく成長

優先順位といっても、アレもコレも大切に見えちゃうよ

一口に優先順位といっても、そのつけ方に戸惑う人もいるでしょう。優先順位の判断基準となるのは「緊急性」「重要性」が軸。この２つを基準にすれば、すべての仕事は次の４種類に分けられます。

A……緊急かつ重要
B……緊急ではないが重要
C……緊急であるが重要ではない
D……緊急でもなく重要でもない

これはアメリカの第34代大統領であるアイゼンハワーが使った時間管理法で、「アイゼンハワーマトリクス」と呼ばれるもの。多忙な彼は有限な時間をどう振り分けるかを決めるために、タスクをこの4種類に分けて優先順位をつけていたのです。

Aは今すぐにする必要があり、かつ重要なタスクです。今日が期限の仕事や支払いなどが、これに当てはまります。これについては、優先順位を検討する必要はありません。今すぐにでも着手して、終わらせてしまうべき仕事です。

Bは今すぐにする必要はないけれども、あとから役立つ領域です。

読書や勉強、仕事の「振り返り」などが当てはまります

Cは重要ではないけれども避けられないタスク。電話対応や毎日の雑務がこれに当てはまります。この領域のタスクは可能な限り自動化し、とにかく時間をかけないことが大事です。

Dについては「やるか、やらないか」の検討も必要です。重要性も緊急性もないタ

［Bをやるかやらないかで、時間をうまく使えるかどうかは決まる］

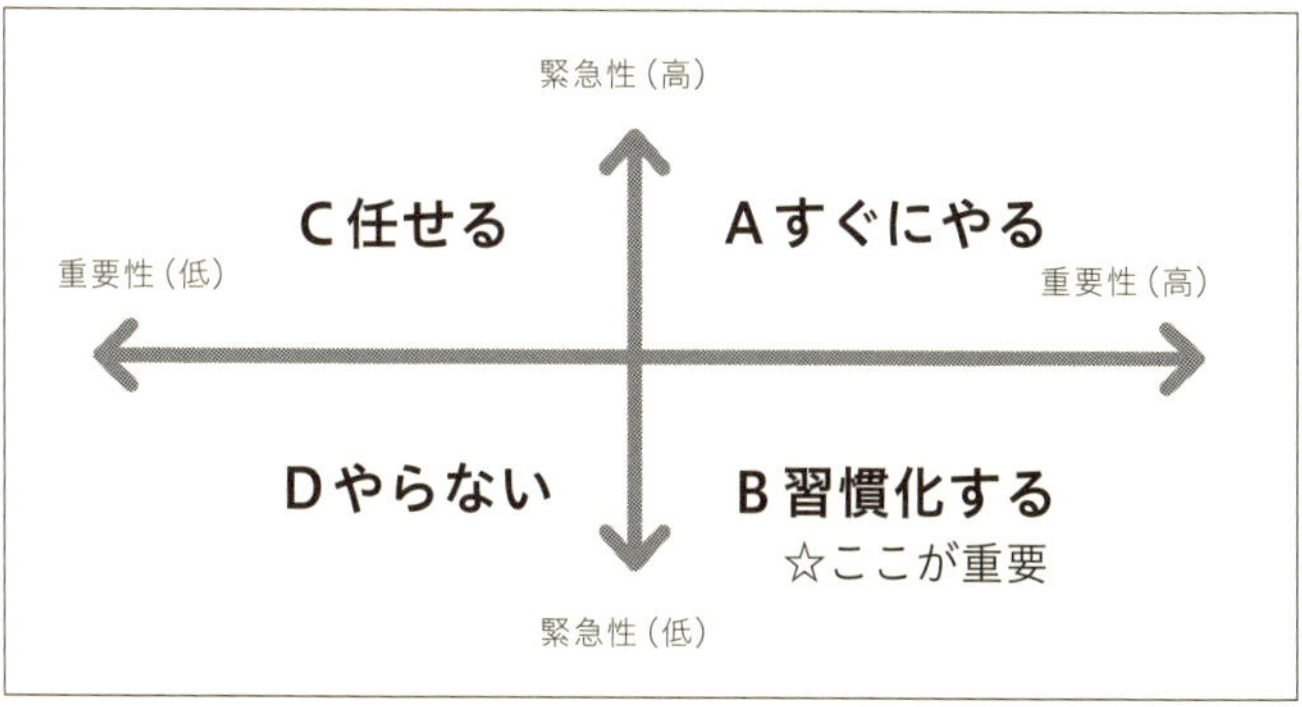

スクは、そもそも必要でないこともあるからです。やらなくてもいい仕事を洗い出し、業務を効率化していきましょう。

ここで重要なのはB。たとえば、僕はブログを高校3年生から10年以上続けています。日々の仕事を振り返る習慣ができました。結果、仕事のスキルは高まり、ブログ経由での出会いがビジネスを創出することもあります。本書の出版もブログが元になっています。

Dはやらなくていいのだし、AとCは緊急だから誰もが処理しています。

ついつい後回しにしがちですが、1年後、2年後に周りと差がつきやすいポイント。ほんのちょっとだけでも意識的に行えばライバルと大きな差をつけることができます。

10秒CHECK!

☑優先順位のつけ方は「アイゼンハワーマトリクス」が有効。

☑Aの領域は皆が注力しているので、差はつきにくい。

☑Bの領域に時間を投資した分だけ、周囲と差をつけることが可能。

100点を目指したアウトプットはゴミ箱に捨てよう。
重要なのは60点でもいいから速く決断して、回りを巻き込んでいく勇気。

第5章

無敵思考

「挑戦」とは、
スポ根マインドではなく
合理的思考

会社は、あなたが手を挙げさえすれば、アウトにならない魔法の打席を与えてくれる。会社にいるうちは打席に立ち続けたほうが、絶対トク！

将来、独立しようが転職しようが、会社にいるうちに貪欲に挑戦し、「これでもか！」というくらい成長していこう。

CHAPT

おつかれさまでした
お先に失礼します
課長 今よろしいですか？
福士くん？
フードフェスタのことで提案があります
今回のイベントは協賛企業も多数参加してます
他社と比較しても我が社は目立つものが少ないように思います
すごいなあ

社内外から声がかかるのも当然だ
言いにくいことでも「自分の意見」をしっかり伝えてる
西山さん まだ帰らないの？
あ はい
もう少し 調べたいことがあるので
そう がんばってね
先輩はこういう企画ごとに興味なさそうだな
休憩室
あ
福士くんも残業？
西山さんもまだ残業？
私はそろそろ帰るけど—

すごい資料だね…
もしかして これから 打ち合わせとか？
いや？ もう少し良い提案が できないか 考えたいだけだよ
この前アドバイスもらった お礼もあるし お邪魔じゃなかったら 何か手伝いたいんだけど…
会議室
助かるよ
この ホワイトボードって フードフェスタの 打ち合わせの？
フードフェスタ提案(仮)
そうだよ 下書き段階だけど
メンバーに配るのなら 議事録に起こそうか？
じゃ これでそれを 撮ってメールして
え？ 写メでいいの!?
会社の企画なんだし ちゃんとしないと…
議事録なんて 目を通してる人は少ないから こっちのほうが効率がいいだろ？

「効率がいい」
―か
考えたことなかったな
もう遅いし明日でもいいじゃん
ダメ
「今日準備をやりきって明日課長にプレゼンする」と
自分との約束を裏切ると自信が持てなくなる
君も最近気がついたんじゃない？
何を？
手を挙げなきゃ期待なんてされないだろ？

僕は何よりも「打席に立てなくなること」―
「挑戦できなくなること」が怖いんだ
「やるようになってきたじゃないか」
うん この前までは「期待してくれたら手を挙げるのに」って思ってた
でも手を挙げて初めて応援ってされるものなんだね
福士くんのアドバイスってアツいけど合理的だよね
そうかな
君 部活とかしてた?
ううん 高校はバイトばっかり

僕は野球部だったんだけど ずっと強豪校だったから 思うように使ってもらえなくて 悔しい思いをすることも 多かったんだ
でも どんな状況にいても 勝利に貢献する方法を考える それが大切だと思ってね
「できること」に集中したんだ
打席に立てなくても バットを振ることはできる
試合に出ることはできなくても 「いつでも試合に出られる準備」をすることはできる
そうしたら いつの間にか チームのみんなに 頼られるようにもなって
僕の出番も 増えていったんだよ
もちろん 失敗だって たくさんしたけどね

フードフェスタの
企画も合計30個出したんだよ
30個も!?
そうだよ「これが駄目なら
このパターンはどうかな」を
考えてたら30個になったんだ
でも
29回失敗してるけどね
今
君が驚いたように
「フードフェスタの企画が
通った」
という事実しか残らないんだよ
何が？
すごいね…
仕事って打率じゃなく
ヒットの数なんだよ
じゃあ失敗を
恐れずに
ヒットが出るまで
打席に立ち続けるしか
ないじゃないか

Level UP!
結果目標は自分ではコントロールできない領域だけど
「チャレンジの回数」という行動目標はコントロールできるからね
さ 終わったよ 帰ろうか
あ おつかれさま
今週末はイベント前の最後の休日だからゆっくり休まないとね
え?
まさか
月曜日からの自分の行動をシミュレーションしたり飲食店の流行《はや》りを見に外に出るよ
まあ フードフェスタ前の準備運動かな
準備運動―

うわ…
お茶処
初めて来た
お店だけど
すごく美味しい
お姉ちゃん
美味しそうに
食べるねぇ
あの私
中央食品食品企画部の
西山といいます
「福士くんと私
どこで差がついたの？」
―『どこで』が見えてきた
ぜひ
参加していただきたい
イベントがあるのですが―！
大丈夫
私は『このまま』じゃない
お茶処

実力以前に重要な、仕事に必要な2つの前提とは？

――自信は結果のあとに生まれない。自信があるから結果がついてくる

納期に間に合わないけど、まあ伸ばせばいいでしょ

納期に上司からの指示、業務のマニュアル。ビジネスでは、約束を守るべき場面がたくさん出てきます。しかし「私は約束を破ったことがない！」と言い切れる人は、ほとんどいないのではないでしょうか？

誰しも1度くらいは納期に間に合わなかったり、指示を忘れて上司に叱られたりしたことがあるはずです。私もその例に漏れません。また、チームで仕事をしていると、自分以外のメンバーの失態によって約束が守れないことも多々あります。

約束は守れなくても、他の人がフォローしてくれたりで、仕事はなんとか回るもの。

では、約束を守らない怖さはどこにあるのでしょうか？　それは、自信が持てなくな

［自分との約束は「自信」に、他人との約束は「信頼」の土壌となる］

ることです。

「肝心なところで自分は約束を守れない」と弱気になれば仕事のパフォーマンスが下がり、やがて本当に失敗する。失敗によってさらに自信がなくなり、次の仕事も失敗する……。こんな悪循環に入ってしまうことが多いのです。

自分との約束を守ることは自信につながり、他人との約束を守ることは信頼につながります。

自分にはまだ、何の実績もない――。そう思う人は、まずは「約束」を1つ1つ果たしていくことに集中してみてください。

約束といっても大したものでなくてよいの

です。

「朝、出社したら元気に挨拶をする」

「前日のメールの返信は午前中に終わらせる」

この程度で十分。挫折しないコツは、欲張らないこと。

はじめは、「なんだ、そんな簡単なこと」「すぐにできるじゃないか」くらいがちょうどいいでしょう。タスクはまずは1個、それが達成できたらもう1個、と少しずつ増やしていきましょう。昨日よりもちょっとだけ難しいタスクに挑戦しているというのがポイントです。続けていくうちに「あれ、入社したての頃はメールの返信だけで1日かかっていたのに、最近では朝の1時間で終わっているな」など、自分の成長に気づける日が来るはずです。

一流の人がしている努力というのは、地味なもの

イチロー選手が小学校時代、毎日バッティングセンターに通っていたことは有名なエピソード。1つ1つはすぐにできそうなタスクでも、達成し続けば、自信も結果も

ついてきます。

「自信」とは、結果のあとにつくものではありません

地味な努力によってのみ少しずつ形成されるもので、

「自信」があるから結果がついてくるのです

［「できること」にフォーカスすると、自分の出番がいずれ回ってくる］

10秒CHECK!

☑約束を守らない本当の怖さは「自信」と「信頼」の喪失にある。

☑自信は、自分との約束を守った分だけ構築される。

☑約束は大それたものではなく、「挨拶をする」「タスク整理の時間を取る」などでOK。

「仕事人間」でなくても出世を目指すべきシンプルな理由

――肩書きは信用。実力以上のチャンスを得る武器

出世だけがすべてではないのだ!

この考え方は主流になりつつあります。でも、私はあえて「出世を目指しなさい」とキャリア形成のプロとして言い続けています。今の会社での仕事にやりがいを感じている人はもちろん、この先のキャリアに悩んでいる人にも、です。

「入社したからには会社に尽くすべき」
「出世こそがビジネスパーソンの価値」
と言いたいわけではありません。

出世を目指すべき理由は、「肩書きとは、与えられた環境で人との約束を守り、結果を残した」という、わかりやすい信用の指標になるからです。

ある程度の社会人経験を積んだり、転職に失敗したりした人は、このことを体感的に知っています。

肩書きのない人がいくら「こういう業務経験があります」と言っても、理解してもらえないことが多々あります。肩書きがないのは

実力を認められる確率が上がりきらなかった

場合があります。いや、本当は違うのはわかってます。肩書きがなくても優秀な人は腐るほどいるし、肩書きがあっても無能な人も腐るほどいます。

しかし、限られた時間で初対面のあなたの実力を判断するには、悲しいかな、肩書きに大きく左右されるのです。

生々しい話ですが、マネージャーや部長、リーダーなどの肩書きが過去に１つあれば、独立後にも、仕事を取りやすくなります。

「独立すれば、ただの人。会社が後ろ盾になって支えてくれたブランド価値や信頼感は、すべてなくなる」

という考えは大間違い。

社歴や職務経歴は社会人としてのタトゥー

それがいい悪いかは別として、過去の肩書きがあれば、あなたのことを何も知らない人からも「ああ、この人は何かしら成し遂げたことのある人なんだ」と思ってもらえる可能性が高いのです。

「出世がすべてではない」

これは真実。でも、会社も結局、社会につながっています。出世は、会社という箱のなかだけで通用する序列システムなどではなく、

世の中を渡っていく武器になるのです

若いうちから、出世の道を閉ざすのは、自分の努力次第で得ることができる武器を自ら捨てるようなものです。

10秒CHECK!

- ☑キャリア形成に悩んだら、「とりあえず出世」でOK。
- ☑肩書きとは、世の中を渡っていく1つの武器と捉える。
- ☑肩書きはキャリアチェンジの際にも使える。
- ☑自分が成長を続けるための目安としても、出世は有効である。

100の失敗を超消しにするジョブスが教えてくれた成功マインド

——打率を気にするのは、チャンスを殺すようなもの

失敗ってカウントされると思いますか

スティーブ・ジョブズは、誰もが認める名経営者です。彼がiPhoneの生みの親だということは、あらためて言うまでもないことでしょう。しかし、ジョブズの事業アイデアの何%が成功したかを知っている人は、ほとんどいないのではないでしょうか？　実際、私も知りません。

言いたいことは、名経営者であるかどうかに、

成功確率は大して関係がないということ

大事なのは、インパクトのある結果を残したかどうか。たとえジョブズがｉＰｈｏｎｅ以外の事業で軒並み失敗していたとしても、彼に対する世間の評価は揺るがないでしょう。

ビジネスパーソンにも同じことが言えます。「俺は会社員生活で一度もミスがなかったんだよ」と言われて「すごい！」と思いますか？

それよりも「数えきれないほどミスをしたけど、そのおかげで○○ができたんだ」と言われたほうが、よほど説得力があるのではないでしょうか。

打率よりもヒット数。これがキャリアのルールです

成功率を気にしなくてもいいのですから、極端な話、何度失敗してもいいんです。むしろ、1回でも多く打席に立ったほうが、結果を出せる確率は高まります。

たしかに、ミスをして上司に叱られるのは、いい気分ではないでしょう。

でも、それはほんの一時のこと。大きな結果を残して社内で一目置かれる存在になる頃には、まったく気にならなくなっているはずです。打率の高さを重視するなら、

はじめにヒットを出せたら、残りは挑戦しないほうが合理的になります。

1打席、1ヒット、打率10割。でも、こんな成績に憧れますか？　それなら空振りを恐れず打席に立ち続ける人になりましょう。打席に立つほど打率は低くなります。でも、ヒット数は増えていくので、あなたが転職なり独立する場合にも、その実績がきっと武器になります。

打席数を増やすには、とにかく「手を挙げる」こと

挑戦し続ける人は、リスクを取らずのらりくらりと仕事をする同僚が、時にうらやましく見えるときもあるでしょう。プロ野球でもチャンスで三振したらブーイングを受けます。でも、痛みを恐れず挑戦し続けたものだけが、ヒットを積み重ねることができます。フリーなら、大きな失敗をしたら次はないかもしれませんが、

会社員は失敗でクビになりません

［会社員は手を挙げれば打席に立てる確率が増えるので、
挑戦したほうが絶対にトク！］

仕事って打率じゃなく
ヒットの数なんだよ
じゃあ失敗を
恐れずに
ヒットが出るまで
打席に立ち続けるしか
ないじゃないか

いわば、会社員とはアウトにならない魔法の打席に立っているようなもの。

会社を利用してやる

そのくらい打算的な気持ちでいいので、会社員は手を挙げ、挑戦し続けるべきです。

その代わり、９回裏満塁で空振りするような失敗をして、どんなにみじめな気持ちになったとしても、ヒットが出るまで淡々と打席に立ち続けてください。

10秒CHECK!

☑人生において、失敗の数はカウントされない。

☑社会人は成功の数しかフォーカスされない。

☑打率を気にするなら、打席に立たないほうが合理的な判断になる。

☑会社は「アウトにならない打席」。三振しても四振、五振と振り続けよう。

「社会で活躍する人」が必ず身につけている超カンタンな思考順序

──なぜ、できる人ほど難しい問題から着手するのか

失敗が失敗になるのは、あきらめたときだ

これは、事業構想大学院大学 東英弥《あずまひでや》理事長の言葉です。世の中に失敗などなく、すべては成功を目指す途上にあるプロセスということです。

人間はそもそも不完全なもの。最初は間違えるのが当然で、あとあと修正していけばまったく問題はないはずです。それなのに私たちはなぜ、こんなにも失敗を恐れ、打席に立つことを避けるのでしょうか。私はその原因の一端は、学校教育にあると思っています。

学校教育で優秀とされるのは、テストでいい点数を取り、通知表の評価がいい人です。これを満たすには、次のような能力が必要になるでしょう。

①与えられた問題を間違いなく解く
②簡単な問題から順番に解く
③あらかじめ用意された「正解」を目指す

しかしひとたび社会に出ると、問題も正解も用意されておらず、解き方を教えてくれる人もいません。自分で課題を見つけて目標を設定し、キャリアを積んでいくことが求められていく次のような能力が必要になります。

①みずから問題を見つける
②難しい問題から着手する
③「正解はない」という前提で物事にあたる

つまり、学校教育で必要な能力と社会で必要な能力は、ベクトルが正反対なのです。学校教育では、正解は基本的に1つ。

それ以外の回答をすれば点数を取れないので、学校で優秀な成績だった人ほど失敗を恐れるようになります。失敗を過剰に恐れる人は、このような学生時代の常識を引きずっているのだと思います。

でも、あなたはもう社会人。学生時代とは正反対の常識の中で、生きていかなければなりません。

勇気をもって最初の一歩を踏み出し、「失敗」を恐れない勇気と「成功」に向かって歩み続けるしぶとさです。プロトタイプの段階での失敗は、むしろ勲章。失敗できるのは、みずから課題を見つけ、解決しようと行動をおこした証拠だからです。

どんな失敗をしたとしても、そこから学び、次の行動につなげていきましょう。あきらめの悪い人は、しぶとい人です。そして、

しぶとさは社会的優秀さそのものなのです

10秒CHECK!

☑あきらめなければ、
失敗も成功へのプロセス。

☑学校で求められる能力と
社会でも求められる能力は真逆。

☑あきらめの悪さとはしぶとさ。
しぶとさとは、社会的な優秀さといえる。

心の底からやりたい仕事を
見つけたとき、
チャンスをつかみ、やりきれ
る自分であるために、
成長し続けることが大切。

第6章

超効率化

大切な仕事にだけ100%の力を注ぐ裏技

全てのタスクにバカ真面目に対応してしまっては、いくら時間があっても足りない。真面目な人がみじめな思いをしないよう、ボールが来たらどんどん投げ返して自分の時間を取り戻そう。「どうしたらラクできるか」を極限まで考えた効率術を伝授。

イベント当日
中央食品(株)主催
隠れた名店を探せ!
食べ歩きツアー会場
う
わぁ…
西山
すごい…
こんなに大きなイベントにしてもらえたなんて――
でも思ったより人が少ない
情報誌に広告を出したりしてできることは全部したつもりなのに――

試食してみる?
駅の裏のマンションの一階に店あるんですよー
そこの百貨店に行こうと思っただけなんだけど
目に付いたから寄っちゃった
でもお店もお客も喜んでくれてそう良かった—
中央食品の運営さん！お客様です！
あ
はい今行きます！
西山
あゆみちゃん！
奥さん！
良かった…どこに居るのか気になってたの
どうしよう…旦那に果物を届けてもらう予定だったのに交通規制に巻き込まれて動けないらしいの
え!?

交通規制!?
今日
隣町の駅前でも
お祭りがあるらしくて
規制にハマって
身動きとれなくなったって
そんな…
どうしよう…
近隣の市町村の
イベントまで
気が回らなかった
私のミスだ…!
「ほらまた
考えすぎてる」
「そこの百貨店に
行こうと思っただけなんだけど」
!
奥さん!
メニューの予定何!?
え…
あゆみちゃんが好きな
いつもの…
いつもの
フルーツ乗せの
パンケーキね!?
材料すぐ
書き出して私に
メッセ送れる!?
あゆみちゃん?
え…まさか

用意すべき食材や量を完璧に揃えられることはできない……
もし食材が無事に到着したら無駄になるし そのときは領収書って落ちるのかな？
よる8時まで営業中
そこの百貨店の食品売り場まで行って買ってくる!!
いや…でも一番後悔するのは食材が届かず買い物にも行ってないときだ!!
でもあゆみちゃん運営なのに…
私のミスでこうなったのに黙ってるわけにはいかないでしょ？
奥さんは持ち場に戻ってできる範囲で準備をしてて
西山さん
それにあんなに美味しいのに食べてもらえないなんて絶対イヤ!!

え?
先輩…
と課長!!
あなたが忙しいままだとお昼一緒に食べる人が減るから手伝っておこうと思って
フードフェスタの方は部長も居るしね我が社主催のイベントだ見ないわけにはいかないだろ?
いい決断をしたね
迷うことはない出店の準備は任せて食材の調達に行きなさい
はい!
お願いします!!

そろそろお昼なのに来場者が伸びない――
失敗したかな
食べ歩きツアー
アンケート置き場
ご意見お願いします！
西山さんがいつも話してるカフェのお勧めってこれ？
はい
あれ？
そんなに小さくないんですけど…
ああ
「自分のお店の一品だけでお腹がふくれないよう小さく作ってる」って言ってたわよ？
すごいわね
中央食品㈱主催
隠れた名店を探せ！
食べ歩きツアー会場
このお祭り「企画者も参加者もみんな同じ想い」で作ってる

大丈夫よ まだお昼前じゃない
こんなに 人通りの多い場所なんだから これからよ
あら おいしい
先輩…
実はいい人?
失礼ね 私は自分に正直なだけで 元々いい人よ?
ほら 駅前から人が流れてきた
忙しくなるわよ

「お店にも絶対行きます」ってたくさんの人に言ってもらえたよ
また来年も開催しましょうね！
埋もれた名店っていっぱいあるんだな
オーダーメイドでパフェを作ってもらえたよ
いい店教えてもらったな
美味しいものをみんなに知ってもらいたい
だって美味しいものを食べるのは幸せだから

おつかれさまー!
君の方は大盛況だったらしいね
フードフェスタはどうだったの?
うちのブースは目標来場者に少し足りなかったかな
絶対すごい目標来場者数設定してたと思うんだけど
まあいいよ理由は分析できてる次に生かせる
―と言いつつ実は落ち込んでるんだけどね
福士くんでも落ち込むの!?

これをバネに
次回のイベント企画を
書いてるよ
え
もう!?
本当にすごいなあ
大手食品企業に比べたら
たいしたことないさ
中央食品は
僕みたいな新人の声も
通りやすいのは確かだと
思うけどね
自分の行動ひとつで
業績にインパクト出せるのは
面白いよね
だからさ
自分の力でどこまで
目標に近づけるのか
挑戦し続けていきたいな
うん
そうだね
私も来年
「第二回食べ歩きツアー」
開催へ向けて挑戦したい

とりあえず
今回の反省は
「近隣のお祭りの確認ミス」
かな
次からは
その辺も調べて
日程組まないと—
—ところで
いつもの
スーツ姿だけど
会場から直接来たの？
いや？
僕は仕事以外のことで
決断するエネルギーを
使いたくないから
私服は全部捨てた
君もしたら？
私はそこまでは
いいです

できない人ほど「忙しい自慢」をする本当の理由

―「やること」より「やらないこと」を決めるほうが効率的

きみ、ちょっとコレ頼める

仕事をしていると、毎日たくさんのタスクが舞い込んできます。もちろん全部自分で片づけるのもいいのですが、できる人になるほど、とても消化しきれないタスク量になるのが常です。

そんなときに大事なのが、「やらないことを決める」スキルです。

「えっ、頼まれた仕事はやりきらないといけないんじゃないの？」と思うでしょうが、それはその通り。ただ、「今日やるべきか」というと、そうとは限りません。周りから迷惑がられるのは

いつまでにやるのかを決断できない人です

逆にいうと「いつまでにやるか」を即答できる人は、高く評価されます。先のアイゼンハワーマトリクスで見たように、タスクの中には、自分で処理しなくてもいいものも多くあります。

たとえば取引先から「新規事業の立ち上げ方がわからない」という質問があったとしましょう。こういうザックリした質問に丁寧に答えようとしたら、いくら時間があっても足りません。タスクを減らすコツは、

投げられたボールはすぐに投げ返すこと

「その件は、私より詳しい知人がいます。紹介しましょうか?」などと、相手に投げてしまえばいいのです。

一見ズルいようにみえますが、取引先としても求めているのは、あなたの頑張りではなく、情報であり結果。それなのに最初から細かいアドバイスをするのは、相手にとっても自分にとっても時間的・心理的コストのムダでしょう。

相手の事情も考慮しながらも、自分の手を空ける

こう考えられる人がタスクを減らすことができます。

限られたリソースの中で最大の成果を出すためには、力を注ぐべき仕事を見極め、そうでないタスクはなるべくしないこと。先ほどの例のように返答の仕方を工夫するのもいいですし、部下がいれば仕事を任せてしまうこともいいでしょう。

特に管理職になれば、自分で仕事をこなす力よりも、部下に役割を与え、管理する能力のほうが重要になってきます。

もちろん、リーダーとして全体像や進行を把握していくことは重要です。それがないと、任せたつもりがただの放置になっていた、という事態になりかねません。ただ、自分がまったくやったことのない仕事を、自分でタスクを処理せず部下に任せると、

「そんな処理の仕方もあるのか」といった新しい発見もあるもの。時間をつくれたうえ、新しい仕事のやり方まで覚えられます。

たとえば、私がトラブル処理を任せた部下は、社名などは上手に伏せたまま今のトラブルの状況を「ヤフー知恵袋」で相談して有益な情報を得てました。私は「ググる前に聞け！」派なので、マネはしませんが自分にはまったく発想しない仕事のやり方だったので、興味深く思ったのを覚えています。

スケジュールが詰め詰めだと物理的にも精神的にも余裕がなくなって、ビジネスチャンスを逃したり、本来時間を割くべき大切な仕事に手が回らなくなることも。

タスクが舞い込んできたら

いつまでに？　誰がやる？

と自問自答して、返せるボールは相手に投げ返してください。

10秒CHECK!

- ☑タスクがやってきたら、「いつまでに」「誰がやる」をすぐ決める。
- ☑ボール（タスク）は自分で持ちすぎないようにする。
- ☑ボールを持ち続けると、必ず悪い結果を引き寄せる。

「やらないことリスト」は自分も相手も大事にするツール

―「○○は△△をやらない人」と周りに思わせるが勝ち

いやいや、キャバクラはまじ勘弁す

そう思いつつも、断り切れず3次会。次の日は二日酔いだわ、おごりと思ったら割り勘だわ、踏んだり蹴ったり…なんて経験ありませんか？　迷ったときに「やるか、やらないか」を即決するコツは、あらかじめ

「やらないことリスト」をつくること

リストをつくるときは、これまでの経験で自分が後悔したこと、モヤモヤとした気持ちになったことを思い出してみてください。

たとえば、周りに流されて飲み会の２次会に参加したら、大した話もせずお金ばかりかかり、夜更かししたせいで次の日も仕事がはかどらなかったとしましょう。こんな人は「２次会には参加しない」という項目を設けることも一考。

キャリアが浅いうちは、経験自体が少ないので、リストに入れるべきことがなかなか思い浮かばないかもしれません。まずは日常のモヤモヤを、メモ帳などに書き出していくところからはじめてみましょう。

丁寧さが自分の首を絞めるケースもまた多いのです

僕のやらないことリストの一例はこちら。

- ランチミーティング
- 未取引先との飲み会参加
- ２次会の参加

ビジネスをしていると、ランチや飲み会に誘われることがよくあります。そこでビジネスチャンスをつかめる可能性もあるでしょう。それでも、私は基本的には行かないことにしています。

一番大きな理由としては、食事で交流を深めるよりも、その時間を実務にあてて、少しでもクオリティを上げたほうがいいと考えているからです。基本は仕事優先なので、サプリメントで手早くすませることもあります。

また、私にとって食事は体調管理の一環なので、その日の体調によって食べるものや時間を決めたいと思っています。それによって仕事のパフォーマンスが大きく変わるので、誰かと一緒に食事をすること自体がめずらしいのです。

これはあくまでも、私の場合のルールです。

会食が仕事の成果につながるという人なら、むしろ積極的にランチミーティングや飲み会に参加したほうがいいでしょう。私はお酒も飲めませんし、食事中にビジネストークをするのも苦手です。

だから「やらないことリスト」に入れています。これによって苦手な領域での勝負を、相手をイヤな気持ちにさせずに避けることができます。

「付き合い悪いな」と思われることはソンでは？　と思う方もいるでしょうが、そんなことありません。なぜなら、「そういうキャラなんだな」と思ってくれるから。

ルール化すると、キャラ付けされます

私の場合「ランチミーティングや飲み会に行かないキャラ」になりました。「そういう人なんだな」と周りに思わせることは大切。誘ってくれた相手に「自分のことがキライなのかも」などという疑念を抱かせる心配もありません。「やらないことリスト」は、

自分も相手も大切にできるツールです

物事の優先順位を見極めたり、意思決定のスピードを上げるのにも役立ちます。自分にはどんな項目が必要なのかを考え、ぜひ作ってみてください。

10秒CHECK!

☑「やらないことリスト」を作り、ルール化する。

☑自分が不毛だと思う飲み会は、あとでグチるくらいなら最初から行かない。

☑誘いを断って崩れる関係性なら、最初から付き合う相手ではない。

こだわりのないことはルール化して決断力の摩耗を防ぐ

──なぜ、できる人は一瞬で最適な判断を下せるのか？

ランチは何を食べようかな？

毎日、毎日、私たちは生きているだけで、想像以上にたくさんの決断をしています。問題は、その決断の質が高いかどうか。周りに流されてなんとなく決めたり、一時の感情で衝動的に決めたりすると、のちのち後悔しやすいもの。

特にビジネスでは、決断力は成果に直結します。

しかし「決める」という作業には、大きな負担がかかるもの。一説によると、１人の人間が１日に決断できる量は決まっているそうです。つまり、限界を超えて数を増やすと、決断の精度が下がっていくのです。

ならば、決めることは減らしていきましょう。決断の一部をパターン化し、決めな

［こだわりの少ない部分はルール化して、「ここぞ！」の決断力を高める］

くてもいいようにするのです。たとえば私は、次の項目をパターン化しています。

1. 1000円以下のものは迷わず買う
2. 15分空き時間があったらカフェに入る
3. カフェで注文するのはSサイズのコーヒー
4. 色で迷ったら青にする
5. 肉を食べるときは豚肉
6. 私服を処分してスーツに統一

1～3は徹底していて、打ち合わせ場所に早く着いたときなどは、迷わずカフェに入ってコーヒーを頼みます。「コーヒー一杯で300円や400円するし、それなら外で時間をつぶそうかな」と迷う気持ちもわかります。でも、悩むことは決断コストの浪費。「コーヒー代は絶対取り返すぞ！」と決めて集中したほうが、結果的に得だったりするのです。

6の実践により、旅行や山登りにスーツで行ったときは、さすがに周りからドン引きされました。でも、おかげで服装に迷うことがなくなり、決断力の摩耗を防いでいます（最近は肩こり軽減の目的で、「ジャージ週2回着用」をルールにしているので、毎日スーツでなくなっていますが）。

1～6を実践せよ、と言っているわけではありません。「食べることが幸せ」な人は「ランチを何にするか」と悩むことは大切。ただ、数百円トクするためにサイトを比較しまくったり、行きたくないランチに誘われるたびに「どうしようか？」と悩んだりすることは、僕からしたら

「決断力の浪費」です

どっちでもいいことはパターン化して、ここぞ！　というときの決断力を高めていきましょう。

10秒CHECK!

☑ 1日に決断できる量は決まっている。

☑ ルーティン的な決断の場面は、パターン化して「決断力」の摩耗を防ぐ。

☑ 毎回同じことで悩むのは、決断力のムダ使い。

行きたくない飲み会に誘われるたび、ああだこうだと迷うなら「やらないことリスト」に加えて自分の時間を取り戻せ！

残酷なビジネスの世界における たった1つの真実

──「おもしろい」をつくる、最短にして唯一の方法

本書に記したように、仕事に正解はありません。

それでもたった1つだけ、経営者として、人事本部長として、転職エージェントとして日々、様々な学生やビジネスパーソンと接する中で、間違いなく言える真実があります。

それは、**「仕事ができる人」におもしろい仕事は集まる**、ということ。

老若男女、企業の大小問わず、これはもう残酷なくらいに。たとえあなたが女性で、女性が活躍しづらい会社にいたとしても、仕事さえできれば、会社の垣根を越えて自然と集まってきちゃうんです。時間の差はあれど、ね。

でもこれって、残酷な反面、楽しくないですか？　だってある意味、すごく平等。僕らビジネスマンは「実力」という名のもとに平等なんです。**仕事をおもしろくする**

最短にして唯一の方法って、実力をつける以外にない！と僕は思ってます。

そして、**仕事の実力って、先天的な才能じゃないんです。ささいなコツを押さえれば、誰でも伸ばせるもの。**それは僕自身が、身をもって証明してます。僕は入社2年目のころは、あなた以上にフツーのサラリーマンだったのですから。

実力をつけるためのヒントは、本書にちりばめてきました。読む人や読むタイミングによって、目に入ってくる言葉がきっと違うはずです。みなさんの現実を少しでも良い方向に変えたいという思いから、最後に1つプレゼントを用意しました。本書を含めた過去の福山の書籍の内容を厳選して発信し続けるTwitterのbotアカウントを用意しました。今後の書籍の内容も随時追加されます。

みなさんにとって、なるべく習慣化しやすくするために、頑張らずに続けられるように配慮しました。フォローしておいて損はないはずです。質問なども受け付けます。勉強会の案内なども本アカウントからさせていただきます。

続きはTwitterで！

@fukuyamabot

福山敦士（ふくやま・あつし）
株式会社ショーケース・ティービー（東証一部上場企業）最年少役員、人事本部長。人材開発のプロで特に若手ビジネスマンの能力を短期で成長させることに定評がある。
1989年横浜市生まれ。慶應義塾大学環境情報学部を卒業後は、新卒でサイバーエージェントに入社。入社当初は可もなく不可もない平凡な会社員だったが、入社２年目から行動心理学・認知科学を取り入れた独自の成長メソッドを開発、自身に応用し飛躍的に業績をアップ、25歳でグループ会社の取締役に大抜擢される。営業部長を兼任し、ゼロから10億円規模のビジネス創出に貢献する。27歳で独立し、株式会社レーザービーム代表取締役に就任。クラウドソーシングサービスを起ち上げ、ショーケース・ティービーにバイアウト。29歳で同社最年少執行役員に就任。20代で2度のバイアウトを実現。「営業を学問にする」活動の一環として2018年から大学院/予備校にて講座開発を行う。学生時代は野球ひと筋。高校時代は甲子園ベスト8。著書に、『自分を動かす技術』（すばる舎）、『成功する人は1年で成果を出してくる！』（三笠書房）、『1年でトップ営業に駆け上がるための54のリスト』『ゼロからの起業術』（ともに大和書房）、『誰も教えてくれない「紹介営業」の教科書』（同文館出版）など。
【Twitter公式アカウント】@2980a24t

はるたけめぐみ
ビジネス漫画、少年漫画、企業キャラクターデザインなどで活動中。作品に『絵描きオカンの日々。』（BookWave）、『電子書籍　天帝の翼』（エコーズ株式会社）、『カーポート戦隊シャコレンジャー』（三協アルミ）など。
【ＨＰ】http://harutake.wixsit.com/k3company

○編集協力　株式会社Tokyo Edit（代表 大住奈保子）

マンガでわかる！ 入社《にゅうしゃ》２年目《ねんめ》の教科書《きょうかしょ》

2019年２月27日　　初版発行

著　者　福　山　敦　士
発行者　常　塚　嘉　明
発行所　株式会社　ぱる出版

〒160-0011　東京都新宿区若葉1-9-16
03（3353）2835―代表　03（3353）2826―FAX
03（3353）3679―編集
振替　東京 00100-3-131586
印刷・製本　中央精版印刷(株)

ISBN978-4-8272-1165-8 C0030